KB155741

나와의 첫 만남
수용을 통한 내면 화합

뇌과학, 인공지능, 심리학 연구를 기반으로
AI시대 새로운 나를 만드는 심리상담

나와의 첫 만남
수용을 통한 내면 화합

뇌과학, 인공지능, 심리학 연구를 기반으로
AI시대 새로운 나를 만드는 심리상담

서준호

Prologue

이 책은 상담자로서 "내담자를 어떻게 이해하는가?", "내담자에게 이 반응을 왜 했는가?", "상담을 통해 어떤 도움을 주었는가?", "지금 이 순간 이 반응이 필요하고 적절했는가?", "궁극적으로 무엇을 목표로 하는가?"와 같은 질문을 스스로에게 하면서 쓰기 시작했다.

세상에는 훌륭한 상담심리 이론이 많다. 이를 배우고 익혀 상담자로 성장했고, 앞으로도 끊임없이 공부할 것이다. 하지만 실제 내담자를 만나 고민을 나누다 보면 기존 이론의 한계를 느끼기도 한다. 이는 나의 부족함으로 인해 앞선 선구자들의 이론을 온전히 이해하지 못한 것일 수도 있다. 하지만 이와 함께 사회, 경제, 문화적으로 급변하고 있는 이 시대의 독특성이 있다는 것을 고려해야 한다. 다른 문화권의 다른 시대를 살던 사람을 대상으로 개발된 이론을 지금 내 앞에 앉아 있는 내담자에게 그대로 적용하는 것에는 분명 한계가 있을 것이다. 그래서 이 책은 심리학을 발전시켜온 선구자들과 현대의 심리치료 연구자들의 인간 내면에 대한 통찰을 기반으로 지금 현재를 살아가는 사람들에게 필요한 내용을 담고자 하였다.

이를 위해 이 책에서 강조한 핵심 주제는 내면의 통합에서 내면의 화합으로 관점을 바꿔야 한다는 것이다. 이것이 현재 혼란스러운 시기를 넘어 새로운 시대를 맞이하는 데 유용한 마음의 자세라고 생각했고, 이 책에서 이에 대한 근거를 제시하고 방법을 안내했다.

상담자이며 연구자로 성장할 수 있도록 가르침을 주신 이희경 지도교수님과 수퍼바이저 김경욱 선생님께 감사드린다. 이 책을 출판할 수 있도록 기회와 귀중한 피드백을 주신 이동귀 교수님과 노현 대표님, 이선경 부장님 그리고 원고가 한 권의 책이 될 수 있도록 노고를 아끼지 않은 김다혜 편집자님께 감사드린다.

가족의 지지와 응원이 없었다면 이 책을 쓸 수 없었을 것이다. 한 사람으로서 시작을 열어주셨고 언제나 넓은 마음으로 이해하고 지지해주시는 서선택, 김미자 부모님 그리고 새로운 생명 로이를 돌보는 누나 서보영, 매형 손성민에게 감사와 사랑을 전하고 싶다. 끊임없이 질문하고 정리되지 않은 아이디어를 늘어놓아도 진심 어리게 귀 기울여주고 진솔한 피드백을 해준 선배이자 동료이며 배우자인 김경희와 "괜찮아! 아빠 잘하고 있으니까 집중해서 다시 해봐."라고 격려해줄 정도로 매일 몰라보게 성장하는 딸 서하율에게 이 책을 바친다.

Naros 심리상담소 대표
서준호 Ph.D.

차례

5장

수용을 통한 내면 화합의 방법 ··· 123

"난 그 사람을 벗어나고 싶어 했는데,
마치 그 사람처럼 나 자신을 대하고 있네요."

한 학생이 자신의 어머니를 피해 다급하게 상담실로 찾아왔다. 어린 시절 부모님이 이혼하신 후 줄곧 어머니와 함께 살았던 내담자는 어머니로부터 숨 막히는 감시를 받았다. 초등학교 때부터 대학생이 된 후까지도 어머니는 아무 말 없이 수시로 가방을 들춰보았고, 숨겨두었던 일기장을 찾아 읽으셨다. 그리고 내담자에게 끊임없이 주변 사람들에 대한 불만을 토로했고 특히 아버지에 대한 원망을 늘어놓았다. 자신의 무기력한 상황을 토로하며 너는 이렇게 되면 안 된다고 하면서 미래를 준비해야 한다고 언성을 높였다. 그래서 내담자는 집에서 편안한 마음으로 쉴 수 없었고, 계속 감시받는 느낌을 받았다고 한다. 대학에서 만난 친구를 통해 용기를 얻은 내담자는 집을 나와 생활하기 시작했다. 그런 자녀의 독립을 받아들이지 못한 어머니는 끈질기게 내담자에게 연락했다. 내담자가 연락을 피하자 학교까지 찾아와 학교 관계자에게 자기 자녀와 만나게 해달라고 항의하는 상황이 펼쳐지기까지 했다. 내담자는 경제적으로 어려운 상황에서도 높은 학업 성적을 유지했고, 주말에는 하루 종일 아르바이트를 했다. 쉬는 시간 없이 열심히 달려오다 인턴을 시작하게 되면서 무리한 일정으로 인해 건강을 잃어갔다. 그렇게 열심히 살고 있음에도 내담자는 지금까지 자신이 이룬 성취를 인정하지 못했고, 조금이라도 멍하니 있는 자신을 용납할 수 없었다. 작은 실수도 용납하지 못했고 끊임없이 더 열심히 해서 좋은 결과를 내야 한다며 스스로를 압박했다. 자기 자신을 엄격하게 억압했던 것이다. 바로 그의 어머니가 자신을 닦달하던 방식대로 말이다 (이 사례에 대한 자세한 내용은 5장에서 다루었다).

우리는 때때로 스스로 마음이 잘 이해가 되지 않을 때가 있다. 이상하게 들리기도 하지만 내가 나를 이해하지 못할 때가 있다는 것이다. 위 사례에서처럼 내가 왜 그런 행동을 했는지 이해되지 않을 때도 있고 때로는 "이런 이런 사람은 정말 싫어."라고 이야기하는 그 모습을 내 안에서 발견하기도 한다. 왜 우리는 스스로 이해할 수 없는 행동을 하기도 하고, 설상가상으로 어떤 사람의 싫어하는 특성을 똑같이 따라 하기도 할까? 이제부터 내면의 불일치와 받아들일 수 없는 모습이 내 안에 공존하는 이유를 탐구해 보고자 한다. 그리고 이와 같은 마음 상태에 대처하는 태도와 방법을 안내할 것이다.

1장

나에 대한 필수적인 착각

우리는 평범한 일상을 보낼 때
나라는 존재에 대해 별다른 의식 없이 살아간다.
그리고 대부분 사춘기 시절 이후에는
바쁜 일상으로 인해 나라는 존재가 무엇이고 누구인지
의구심을 품거나 궁금해하지 않는다.

나에 대한 필수적인 착각

우리는 평범한 일상을 보낼 때 나라는 존재에 대해 별다른 의식 없이 살아간다. 그리고 대부분 사춘기 시절 이후에는 바쁜 일상으로 인해 나라는 존재가 무엇이고 누구인지 의구심을 품거나 궁금해하지 않는다. 때로 힘든 상황에 내몰릴 때 "나는 왜 살아야 하는가?"라고 괴로움과 회의감이 섞  인 질문을 할 때도 있지만 대부분 나라는 존재를 당연히 받아들이고 반복되는 일상 속에 녹아들어 살아간다. 가끔 의도치 않은 실수를 했을 때 스스로를 질책하며 "나는 왜 이 모양일까!"라고 할 때조차 내가 나 자신을 탓하고 있다는 놀라운 사실에 대해 별다른 감응을 느끼지 못하고 스스로에 대한 실망감 속에 빠져든다.

그런데 자책하는 목소리를 가만히 잘 들어보면 이해하기 어려운 부분이 있다. 그것은 마치 내 안에 개별적인 존재들이 있는 것처럼 어떤 존재가 다른 존재를 향해 질책하고 있는 것이다. 그리고 더 놀라운 것은 이런 내 안의 목소리에 대해 전혀 이질감 없이 받아들이고 우울감에 젖어든다는 것이다. 그리고 얼마 지나지 않아 스스로를 질책하던 목소리는 금세 잠잠해지고 일상 속에 물들어간다. 그런데 가만히 생각해 보면 대체 어떤 존재가 나를 질책하고 있고 또 그 질책을 듣고 있는 존재는 무엇이란 말인가?

1. 나에 대한 3가지 착각: 불변성, 단일성, 중심성

"당신은 누구십니까?"라는 질문에 대부분의 사람들은 별 어려움 없이 "저의 이름은 ○○○입니다. 저는 ○○학교에 다니고 있고 ○○에 살고 있습니다."라고 대답을 한다. 극도로 수줍음이 많거나 심리적인 문제로 인해 정체감이 손상된 상태 혹은 기억에 문제에 생기지 않은 이상 대부분은 자기 자신을 설명하는 데 어려움이 없다. 길을 가다 "당신의 눈에서 광채가 나네요. 진정한 당신이 누구인지 아십니까?"라고 하는 "도를 아십니까?"와 같은 질문은 제외하고 말이다. 우리는 우리 자신에 대해 의심의 여지 없이 자연스럽게 나는 나라는 하나의 요소로 구성된 존재로서 과거에도 존재해 왔고 현재도 존재하고 있으며 앞으로도 존재할 것이라고 믿는다. 그런데 이런 믿음이 정말로 진실할까?

(1) 불변성 VS 가변성: 나의 존재는 변하지 않는다는 필수적인 착각

성장기에는 키가 크고 그 이후에는 살이 찌고 빠지기도 하는 등 신체적으로 성장하고 변하지만 나라는 존재는 언제나 동일하다고 믿는다. 그리고 어제의 나와 오늘의 나는 동일한 존재라는 믿음뿐 아니라 어제 봤던 친구를 오늘 다시 만났을 때도 같은 사람이라고 생각한다. 그런데 이는 일부분만 진실일 수 있다.

신체를 구성하는 세포들의 교체 주기

우리의 몸은 세포로 이루어져 있다. 심장을 구성하는 심장세포, 간의 간세포, 뇌의 뇌세포들이 자신의 역할을 수행해서 각 장기들이 기능하는 것이다. 우리 몸을 구성하는 기본단위라 할 수 있는 세포들의 수는 대략 30조 개라고 한다. 이 세포들은 살아있는 생명체처럼 태어나고 활동을 하다 일정 시점이 되면 분해되어 다른 세포들에 흡수된다. 하루에도 이런 세포의 교체는 수없이 많이 일어나서 대략 3,300억 개의 세포들이 죽고 새로 분열되어 태어난 세포들에 의해 대체된다. 하루에 교체되는 세포들의 무게를 합치면 대략 80g에 달한다.[1]

세포들마다 다른 교체 주기

모든 세포들이 똑같은 교체 주기를 가진 것은 아니다. 어떤 역할을 하고, 어디에 속하는 세포인지에 따라 그 수명이 다르다는 것이다. 20대의 평균적인 체형을 가진 남성을 기준으로 계산한 결과 장에 있는 상피 세포의 수명은 3~5일이었다. 그리고 혈액세포 중 적혈구는 120일로 다른 세포들에 비해 길었다. 하지만 백혈구는 채 하루가 되지 않는 0.9일의 짧은 교체 주기를 보였다. 이와 같이 모든 세포들의 교체 주기는 다르지만 우리 신체를 구성하는 모든 세포들의 수명을 모두 고려했을 때 80일이 지나면 우리 몸의 거의 모든 세포들이 교체된다고 볼 수 있다. 즉 3달이 지나면 내 몸은 새로운 세포들로 교체되어 새로운 몸으로 생활하게 된다는 것이다.[2]

일생 동안 교체되지 않는 신경세포

하지만 모든 세포들이 새로운 것으로 교체되는 것은 아니다. 포유류의 중추신경계(Central Nervous System)의 신경세포(Neuron)는 일평생 거의 재생되지 않는다.[3] 어떠한 이유들, 예를 들어 외부적으로 큰 충격을 받는 것과 같은 일들로 인해 죽을 수는 있지만 새로운 세포들로 대체되지는 않는다는 것이다. 그래서 사고로 인해 신경세포를 잃게 되면 감각 기능을 상실하게 되고 아무리 시간이 지나더라도 회복되지 않는다. 그렇다면 우리 몸의 대부분은 교체된다고 해도 나의 존재를 구성하는 기억과 생각 그리고 감정은 뇌의 신경세포들이 만들어 내는 것이니 변하지 않는다고 보아야 맞지 않는가? 그런데 이 질문에 대답하기 위해서는 우리 머릿속에 정보가 어떻게 저장되고 처리되는지 알아야 한다.

정보가 저장되는 기본단위 엔그램

우리가 보고 듣고 느끼는 모든 경험들은 뇌에서 생겨난다. 뇌는 수없이 많은 뇌세포인 뉴런이 뭉쳐져 있는 기관이다. 나라는 것도 우리 뇌의 작용으로 만들어지는 경험이다. 그렇다면 자신을 소개하라고 할 때 먼저 떠오르는 정보는 나의 이름이거나 내가 어디에 살고 있고, 주민등록번호는 몇 번이고, 나의 가족은 누구인지 하는 기억일 것이다. 이처럼 나라는 존재의 경험에는 기억이 정말 중요하다. 또한 어린 시절의 추억부터 현재에 이르기까지 나와 주변 사람들의 기억들이 나라는 존재 경험에 중요한 역할을 한다. 또한 사랑에 빠지면 가슴이 요동친다. 사랑에 빠지는 순간 심장이 급격히 뛰고 시간이 멈춘 듯이 느껴지며 황홀경에 빠져든다. 그래서 과거에는 사랑을 머리가 아닌 가슴으로 경험한다고 생각했다. 하지만 1952년 신경과학자 폴 도널드 맥린(Paul Donald MacLean)이 뇌의 안쪽에 자리한 변연계라는 기관이 감정과 깊은 관련성이 있다는 것을 발견한 이래로 이후 여러 연구를 통해 변연계가 감정, 행동, 동기부여, 기억, 후각 등의 기능에 중요한 역할을 하고 있다는 것을 알게 되었다.[4] 그렇다면 우리가 사랑에 빠졌던 추억을 회상하거나 나라는 존재를 인식할 때 어디에서 그 정보를 꺼내 오는 것일까? 그 질문에 대답하기 위해서는 정보들이 어떻게 뇌에 저장되는지 알아야 한다. 우리에게 중요한 기억들이 어떻게 뇌에 저장되는 것일까?

동물들은 환경에 적응하기 위해 저마다의 학습 능력이 가지고 있다. 강아지에게 배변 훈련을 시키고, 기본적인 규칙을 학습시키면 대부분은 그 훈련을 기억하고 시간이 지나도 훈련의 성과는 사라지지 않는다. 이것은 학습했던 정보가 신경계 내의 어딘가에 어떠한 형태로 저장되어야 함을 의미한다. 기억이 어딘가에 저장되어야 한다는 것에 동의하지 않는 사람은 없을 것이다. 그런데 이러한 기억이 어떻게 저장되는지에 대해서는 정말 오랜 시간 동안 풀리지 않는 의문이었다. 많은 과학자들은 종이에 글씨를 쓰듯 뇌의 어딘가에 물리적인 흔적을 남겨서 정보를 저장한다고 가정했다. 그러니까 사랑을 경험할 때 그 정보를 뇌의 어딘가에 새겨서 흔적을 남긴다는 것이다. 그러면 이제 우리는 뇌에 남아있는 사랑이라는 글자를 찾으면 된다. 동물학자이자 진화 생물학자였던 리하르트 지몬(Richard Semon)은 이러한 기억의 흔적을 엔그램

(Engram)이라는 멋진 용어로 정의했다. 그는 기억에 대한 연구 'Die Mneme'(1904)와 'Die Mnemischen Empfindungen'(1909)에서 기억은 암호화되어 어딘가에 물리적으로 새겨진 기억의 흔적인 엔그램으로 기록된다고 주장했다.[5] 이러한 아이디어를 공유한 과학자들은 이 기억의 흔적의 실체 즉 엔그램의 장소를 찾아 나섰다.

기억장애 환자 H.M으로 잘 알려진 헨리 몰레이슨(Henry Molaison)은 7살 때 자전거 사고로 인해 시작된 뇌전증으로 고통받았다. 발작 증상이 심해져 1953년 뇌전증의 원인으로 지목된 내측측두엽 절제술을 받았다. 이때 제거된 부위 중에는 해마(Hippocampus)라는 부분도 포함되어 있었다. 수술 이후 뇌전증은 완화되었지만 심각한 부작용이 나타났다. 그것은 과거의 기억은 떠올릴 수 있지만 수술 이후에 새롭게 만들어지는 기억은 금세 잊어버리는 증상이었다. 이러한 순행성 기억 상실로 인해 그는 80세를 넘겨 죽는 순간까지 수술을 받던 20대 중반의 자신으로 기억하며 살았다. 그는 수술로 인한 후유증으로 힘든 삶을 살았지만, 그를 통해 인류는 기억에 대한 중요한 발견을 할 수 있게 되었다. 그것은 뇌의 측두엽 안쪽에 위치하는 해마라는 부위가 경험을 장기기억으로 전환하는 데 핵심적인 부위라는 것이다.

이러한 발견을 통해 기억의 저장소를 찾아다니던 과학자들은 이 해마라는 부위가 엔그램일 수 있다고 생각했고 이는 뇌 속에는 기억을 저장하는 장소가 있다는 믿음에 힘을 실어 주었다. 하지만 이를 반증하는 다른 현상이 발견되었다. H.M은 수술 이후 어제 무엇을 했고 누구와 만났는지와 같은 일화기억은 금세 잊어버렸지만, 그림 그리기와 자전거 타는 방법과 같은 절차기억은 수술 전과 차이가 없었다. 그 이후 신경과학자들은 기억의 종류에 따라 뇌의 다른 부위가 핵심적인 역할을 한다는 것을 발견했다. '어디에서 무슨 일을 했었는지'와 관련된 사실기억은 대뇌피질, 운동하는 방법과 같은 절차기억은 기저핵과 소뇌, 그리고 감정은 편도체와 깊은 관련성이 있다는 것을 발견했다. 이를 통해 우리의 뇌는 한 장소에만 기억의 흔적을 새기는 것이 아니라, 그 종류에 따라 여러 부위에 엔그램을 남긴다고 볼 수 있다. 이렇게 수많은 관찰과 실험을 통해 뇌의 어떤 부분에 기억이 저장되는지 엔그램을 찾으려는 많은 시도들이 있었다.

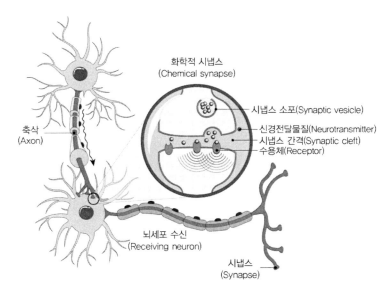

● 그림 1 뇌세포(Neuron) 사이의 연접부위인 시냅스(Synapse)

그러다 1906년 신경과학자인 산티아고 라몬 이 카할(Santiago Ramón y Cajal)은 특정한 신경세포를 염색하는 기법을 통해 개별적으로 떨어져 있는 뇌세포들은 다른 신경세포들과 시냅스(Synapse)라는 아주 미세한 틈으로 떨어져 있는 연접 부위로 연결되어 있다는 것을 발견했다(그림 1).⁶ 이렇게 뇌를 구성하는 신경세포는 머리 부분에 해당하는 세포체에서 일정 수준 이상 자극되면 발화(Fire)하여 전기적 신호를 발생시킨다. 이 전기적 신호는 축색을 따라 전달되어 신경세포의 말단 부분인 종말단추(Terminal Button)에 다다르면 작은 주머니인 소낭을 자극하여 시냅스로 신경전달물질을 방출한다. 그러면 시냅스로 연결된 다른 신경세포가 자극을 받게 되고 일정 수준 이상 자극이 축적되면 다시 발화하게 된다. 이렇게 정보는 하나의 신경세포 내에서는 전기적인 신호로 전달되고, 시냅스라는 다른 신경세포와의 접점에서는 화학물질을 통해 정보를 전달한다. 심리학자인 도널드 헵(Donald Hebb)은 카할의 발견을 바탕으로 'The Organization of Behavior' (1949)에서 "함께 발화하는 신경세포들은 연결된다(fire together, wire together)"라는 헵의 법칙(Hebb's Rule)을 주장했다. 그는 이 법칙을 통해 학습이란 '세포들 간의 연결성이 증가하는 것'이라고 보았다.⁷ 즉 기억이라는 것은 신경세포들 간의 연결이며, 엔그램이란 신경세포들이 어떻게 연결되었는지를 나타내는 네트워크라고 본 것이다.

기억은 조작될 수 있는가?

스탠퍼드대학의 칼 다이서로스(Karl Deisseroth)의 연구팀은 광유전학(Optogenetics) 기술을 개발하여 뇌의 기억을 조작하는 연구를 수행했다. 광유전학은 세포의 유전자를 조작하여 빛에 반응하도록 만들어 세포의 활성화를 조절하는 생물학적 기술이다. 이러한 광유전학 기법을 통해 학습을 시킨 동물의 특정 뇌 영역에 빛을 쪼여 기억을 없애기도 하고, 되살리기도 했다. 또한 쥐에게 운동기억을 형성한 후 학습을 통해 활성화된 특정 시냅스를 광유전학 기술로 제거했을 때 운동

기억이 사라지는 효과가 나타났다.[8]

　이처럼 기억은 뇌 속에 저장되고, 인위적으로 조작될 수도 있다. 나라는 존재를 구성하는 데 중요한 역할을 하는 나에 대한 기억들도 우리들의 뇌 속 어딘가에 저장되어 있을 것이다. 그러면 이런 기억들이 변할 수도 있고 잘못 형성될 수도 있지 않을까?

　때로 인간은 자신의 기억이나 무엇을 하고 싶은 소망, 욕구, 충동을 마치 내 것이 아닌 것처럼 없애려고 할 때가 있다. 이런 현상을 심리학에서는 억제(Suppression), 억압(Repression) 그리고 해리(Dissociation)로 설명한다. 우선 억제는 스스로 알고 있는 상태에서 의도적으로 기억과 욕구를 내리누르는 것이다. 다이어트를 하고 있을 때 의식적으로 "저녁 7시 이후에는 아무것도 먹지 않을 거야. 난 배고프지 않아."라고 이야기를 하며 배고픔을 참는 것과 유사하다.

　이와 비슷하게 기억이나 욕구를 내 마음속에서 밀어내지만 스스로 알고 있지 않은 상태에서 의식이 닿지 않는 무의식의 세계로 밀어 넣는 것을 억압이라고 하며, 이는 극도로 불쾌하거나 자신을 위협하는 소망이나 충동을 관리하고 스스로를 보호하기 위한 심리적 방어기제 중 하나이다. 예를 들어 직장에서 나에게 미치는 영향력이 크고 항상 함께해야 하는 상사에게 크나큰 분노를 느낀다면 직장 생활은 괴롭고 업무를 보는 데도 많은 지장이 생길 것이다. 이때 이러한 분노를 의식 너머 저편으로 몰아넣어, 그 사람에게 느끼는 분노를 마치 없는 것처럼 처리하는 것이 억압이다. 이제 억압을 통해 의식적으로는 그 상사에게 분노를 느끼지 않을 수 있지만 분노를 억누르기 위해서는 많은 정신적 에너지를 소모하게 된다. 만약 과도한 업무로 인해 심리적 에너지를 거의 소모한 상태에서 그 상사와 갈등이 생긴다면 그동안 자신도 모르게 쌓아 두었던 분노가 봇물처럼 터져 나와 주변 사람들뿐만 아니라 자신조차 "내가 왜 이렇게 흥분했지?"라고 생각하며 자신이 이해되지 않을 수도 있다.

억압과 비슷하게 내가 경험한 기억이나 인지, 정체성, 의식을 자신의 경험으로 통합하지 못하고 따로 무의식으로 격리시키는 경우도 있다. 이를 심리학에서는 해리라고 표현하고 나를 보호하는 무의식적인 방어기제의 하나로 본다. 건강한 사람도 때로 정신없는 일과로 지치는 날이면 차를 운전하고 가다가 "지금 어디로 가고 있었지?"라며 기억이 나지 않는 경험을 하곤 한다. 이런 경험은 건강한 사람이 신체적이고 심리적인 피로와 기억을 방해하는 여러 자극들로 인해 일어날 수 있는 정상적인 해리 증상이다. 하지만 병리적인 해리 장애를 경험하는 사람들 중에는 자신의 이름과 사는 곳 그리고 가까운 사람들에 대한 기억을 잃고 집과 직장을 떠나 어딘가를 정처 없이 방황하기도 한다. 이처럼 극도의 스트레스 상황이나 불쾌함을 주는 기억과 욕구를 의식이 닿지 않는 곳으로 밀어내기도 하고, 그 정도가 심하면 자기 자신에 대한 기억조차 잃게 될 수 있다. 또한 외부의 암시를 통해 기억이 조작되기도 하고 있지 않던 기억이 생기기도 한다.

한 심리학 실험에서 과거에 열기구를 탄 경험이 없는 사람 20명을 선발했다. 연구자는 피험자들 몰래 가족들에게 요청해서 어린 시절의 사진을 받아 마치 열기구를 탔던 것처럼 사진을 조작했다. 그 후 피험자들에게 조작된 사진들과 진짜 과거의 사진을 섞어 보여주며 과거에 있었던 일을 최대한 회상해 보라고 하였다. 기억이 나지 않는다고 하면 눈을 감고 명상을 해보라고 하며, 며칠의 간격을 두고 이를 두 번 더 시행했다. 그러자 피험자들 중 절반이 열기구를 탔던 기억을 떠올렸다. 그 사람들에게 실험에 대한 내용을 모두 설명한 후 열기구와 관련된 내용은 모두 거짓이라는 것을 이야기했지만 일부의 사람들은 자신이 기억해낸 열기구를 탔던 기억이 너무나 생생해서 믿을 수 없다는 반응을 보이기도 했다.[9] 이 실험 이후 사람뿐만 아니라 쥐나 침팬지와 같은 동물의 경우에도 기억이 조작되는 현상을 발견할 수 있었다.

이처럼 80일이면 대부분 교체되는 세포들과 다르게 뇌의 신경세포는 유지되지만 이들의 연결은 변할 수 있다. 또한 우리 머릿속의 어딘가에 저장되어 있는 나에 대한 기억은 잘못 저장될 수도 있고 저절로 사라질 수도 있으며, 인위적으로 기억이 조작될 수도 있다. 그리고 받아들일 수 없는 소망, 욕구 그리고 극도로 불쾌하게 만든 기억을 자신을 보호하기 위해 억제, 억압, 해리 과정을 통해 의식의 저편으로 보내기도 하고, 외부 정보를 통해 나의 과거 기억이 조작될 수도 있다. 즉 나라는 존재가 상당부분 기억에 의존하고 있지만, 그 기억은 상당히 불안정하고 항상 달라질 수 있다는 것이다. 결국 우리가 품고 있는 '나라는 존재는 변하지 않을 것이다'라는 믿음은 엄연한 착각이다.

(2) 단일성 VS 다양성: 나는 단일한 존재라는 필수적인 착각

앞서 논의한 바와 같이 신체나 기억이 변할 수 있다고 가정하더라도 우리는 무의식적으로 나라는 존재를 단일한 무엇으로 경험한다. 그런데 정말 나라는 존재는 하나의 어떤 무엇일까?

때로 의도하지 않았지만 마음이 이리저리 변할 때가 있다. '화장실 갈 때 마음과 나올 때 마음이 다르다'는 말처럼 화장실이 급할 때 갖는 간절한 마음은 볼일이 끝난 뒤에 찾아오는 평온함과 함께 마치 연기처럼 마음속에서 사라진다. 이처럼 상황에 따라 갑작스럽게 마음이 달라지는 것을 경험하지만 단순히 '내 마음은 갈대 같아'라고 생각하고 넘어간다. 그런데 이렇게 갑작스럽게 바뀌는 마음과는 다르게 상반되어 서로 충돌하는 마음이 들 때도 있다. 사랑하는 사람과 때로 갈등이 생겨 서로 등을 돌리고 있을 때 죽도록 미운 감정이 들면서도 한편으로 다시 예전의 관계로 돌아가고 싶다는 마음이 드는 것이다. 이런 상태를 양가감정을 느낀다고 표현한다. 양가적이라는 말에서도 알 수 있듯이 서로 모순되어 함께 있으면 충돌하는 마음을 동시에 경험하는 것이다. 어린 자녀가 밑도 끝도 없이 투정을 부릴 때 부모의 마음속에 미운 감정이 들기도 하지만 또 너무나도 소중한 존재라고 느끼는 것이 변치 않는 것처럼 말이다. 상담실에 찾아오는 많은 내담자들은 이런 양가감정을 경험할 때가 많다. 그리고 대부분의 사람들은 때로 이런 감정에 빠져 이도 저도 못하는 난처함을 느끼기도 한다.

그런데 나를 단일한 존재라고 가정하면 마음의 자리가 하나인데, 어떻게 불일치할 뿐만 아니라 갈등을 일으키는 감정을 동시에 경험할 수 있는 걸까? 나에 대한 기억이 변할 수는 있다고 해도 내 안에 여러 존재가 있다는 것은 정말 받아들이기 힘든 거 같다. 그렇다면 정말 나라는 존재는 하나의 단일한 존재일까? 여러 심리학적 현상들을 알아가다 보면 나는 단일한 존재라기보다는 여러 존재들이 뒤섞여 있는 것처럼 보인다.

좌반구와 우반구가 분리된다면?

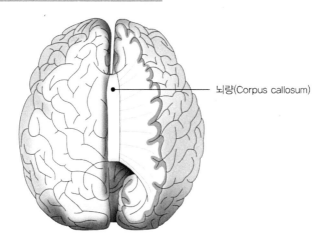

뇌량(Corpus callosum)

● 그림 2 좌반구와 우반구를 연결하는 뇌량(Corpus callosum)

몸 혹은 구조를 뜻하는 'Corpus'와 교각과 같은 다리를 의미하는 'Callosum'이라는 단어가 합쳐진 뇌량(Corpus callosum)은 뇌의 가운데 안쪽에 위치하고 있다(그림 2). 이름에서도 알 수 있듯이 뇌량은 좌반구와 우반구를 연결하는 2억 개 이상의 축색다발이다. 1940년대 반 바게넨(Van Wagenen)과 헤렌(Herren)이 한 환자의 종양을 제거하기 위해 뇌량을 절제하였는데, 뇌전증(Epilepsy) 증상도 함께 호전되는 것을 발견하였다. 뇌전증은 뇌의 특정 영역에서 시작된 과도한 흥분상태가 전반구로 퍼지면서 나타나는 발작증상이다. 뇌량 절제술이 의도한 것은 아니었지만 뇌량을 절제하자 한쪽 반구에서 시작된 흥분상태가 다른 반구로 전파되는 것이 차단되어 효과를 보인 것이다. 이후 난치성 뇌전증에 뇌량을 절제하는 수술이 이루어졌다. 이러한 발견 이후 인지 신경과학자 마이크 가자니가(Mike Gazzaniga)는 1962년

뇌전증으로 고통받던 환자에게 뇌량을 절제하는 수술을 진행한 후 여러 인지 실험을 진행했다.[10]

좌뇌와 우뇌가 각기 다른 그림을 본다면?

인간 뇌가 기능하는 특징 중 하나는 좌반구와 우반구는 주로 우리 몸의 반대쪽의 감각 기관에서 정보를 받아들이고, 움직임을 통제한다는 것이다. 예를 들어 좌반구에서 뇌출혈과 같은 문제가 생기면 반대편인 오른쪽 몸에 마비와 같은 이상 증상이 나타난다. 또 다른 특징은 뇌의 특정 영역이 고유한 기능을 수행한다는 것이다. 대표적으로 오른손잡이의 95%와 왼손잡이의 70%는 좌반구에 언어 기능을 담당하는 베르니케(Werniche)와 브로카(Broca) 영역이 위치하고 있다. 만약 이 부위가 뇌출혈이나 사고로 인해 손상이 되면 언어에 대한 이해나 표현에 이상이 생기는 '실어증'을 앓게 된다.[11]

좌반구와 우반구가 엇갈려 우측과 좌측 몸을 통제하는 특징과 비슷하게 시야의 영역도 정면을 제외하고 좌측 시야 영역은 우반구의 시각피질에만 투영되고 우측 시야 영역은 그 반대로 좌반구의 시각피질에만 정보를 전달한다. 가운데 시각 영역은 좌·우 시각피질에 모두 투영된다. 그래서 중앙 부분을 벗어나 좌측 시야 영역에만 시각 정보를 노출하면 우선적으로 우반구에 그 정보가 전달된다. 그 후 뇌량을 통해 좌반구로 정보를 전달해 좌·우의 시각 정보가 통합된다. 그런데 뇌량 절제술을 받은 사람은 좌반구와 우반구가 서로 정보를 교환할 수 있는 다리가 끊어져 있기 때문에 서로 소통할 수 없게 된다. 그렇다면 좌·우반구가 분리된 사람의 좌측과 우측 시야 영역에 다른 그림을 보여줬다면, 그 사람은 어떤 그림을 본 것일까?

가자니가 연구팀은 이러한 뇌의 작동 특성을 이용해서 뇌량이 절제된 사람의 우측 시야 영역에만 상자 그림을 보여줬다. 즉 좌반구에만 상자 그림의 시각 정보를 전달한 것이다. 그리고 이어서 무엇을 보았는지 물어보았다. 그러자 정상적으로 상자를 보았다고 응답했다. 그런데 이번에는 좌측 시야 영역에 상자를 보여줬다. 그러자 이번에는 아무것도 보지 못했다고 응답했다. 뇌의 외과적인 수술로 인해 좌시야 영역에 문제가 생겨 상자를 인지하지 못했던 것일까? 하지만 이번에는 무엇을 보았는지 언어로 설명을 요청한 것이 아니라 다양한 그림이 그려져 있는 카드들을 늘어놓고 무엇을 보았는지 골라보라고 지시를 했다. 그러자 우측 뇌가 통제하는 왼손이 상자 그림을 정확하게 골라냈다. 아무것도 보지 못했다는 말과는 달리 우측 시야에 보여준 그림을 정확히 인식하고 있었던 것이다. 이렇게 좌뇌와 우뇌에 동일한 과제를 냈을 때 다른 반응을 보인 것은 앞서 설명한 것처럼 대부분의 사람들은 좌뇌에 언어 중추가 자리하고 있기 때문이다. 그래서 좌뇌에 그림을 보여주면 그 그림이 무엇인지 말로 표현할 수 있었던 것이다. 반면 우뇌만 그림을 볼 수 있게 한다면 우뇌에는 언어를 담당하는 영역이 존재하지 않으므로 무엇을 보았는지 설명을 하지 못하는 것이다. 그렇지만 우뇌가 왼손을 통제하고 있기 때문에 그림을 고르라고 했을 때 정확히 그림을 골라낼 수 있었던 것이다.

그런데 잘 이해가 되지 않는 부분이 있다. 그것은 우뇌가 무엇인가를 봤는데, 무엇을 봤는지 묻는 질문에는 분명 '아무것도 보지 못했다'고 응답을 했지만 골라 보라고 하니 정확하게 골라냈다는 점이다. 만약 내가 하나로 존재한다면 이런 지시에 "무엇인가 보긴 봤는데, 뭐라고 표현하지는 못하겠어요."라고 했을 거 같지만 당연히 모른다는 식으로 반응했다. 그뿐 아니라 그림을 골라보라는 지시에는 당황하는 기색 없이 자연스럽게 눈으로 봤던 물건을 찾아냈다. 놀랍게도 자신의 말과 행동이 불일치했지만 당황하거나 혼란스러워하지 않았다. 마치 좌뇌 안에 있는 존재와 우뇌의 존재가 따로인 것이 자연스러운 듯 행동했다는 것이다.

그렇다면 만약에 뇌량이 절제된 상태에서 우측 시야에는 상자를, 좌측 시야에서는 음식을 보여줬을 때 나는 무엇을 봤다고 할 수 있을까? 정확하게는 나의 일부분은 상자를 봤고, 다른 일부분은 음식을 봤다고 해야 할 것이다. 더욱이 좌뇌와 우뇌가 서로 경쟁하듯 행동하는 모습을 보면 이런 표현이 이해가 될 것이다.

서로 경쟁하는 좌뇌와 우뇌

뇌량을 절제한 사람들은 수술 후유증이 적고 일상생활에 잘 적응했다. 하지만 수술 이후 초기에 이상한 경험을 하는 경우도 있었다. 앞서 가자니가에게 수술을 받은 사람도 일상생활에서 별문제 없이 지냈지만 때로 왼손과 오른손이 마치 다른 사람인 것처럼 서로 갈등하는 모습을 보였다는 것이다. 예를 들어 실험에 참여해서 과제를 수행할 때 왼손과 오른손이 서로 과제를 하려고 경쟁하듯 다른 쪽 손이 하고 있는 것을 방해하기도 했다. 그리고 뇌량 절제술을 받은 다른 환자도 이와 유사하게 오른손이 옷을 고르면 마치 왼손이 마음이 들지 않아 하듯 옷을 빼앗아 내던지더라는 것이다. 또한 오른손이 문고리를 열려고 할 때 다른 손이 이를 저지하기도 했다는 경험을 보고했다. 대부분 이런 증상들은 초반에 가끔 나오다가 점차 잦아들었지만 이런 경험들은 마치 내 안에 여러 의식이 살고 있는 듯이 보인다.

좌뇌는 이야기꾼

뇌량 절제술을 받은 한 여성 환자에게 왼쪽 시야에만 누드 사진을 보여줬다. 그리고 무엇을 보았는지 묻는 질문에 언어 중추가 있는 좌반구는 아무런 정보도 받지 못했으므로 아무것도 보지 못했다고 이야기했다. 하지만 표정은 무엇인가 부끄러운 것을 본 듯이 옅은 미소를 보이다가 결국에 웃었다. 연구자는 그녀에게 왜 웃는지 묻자 "잘 모르겠네요. 그냥 저 실험 장치가 웃기게 생겼어요."라고 이야기했다. 그 외에도 뇌량 절제술을 받은 다른 환자에게 "웃으세요.", "일어나세요." 와 같이 다양한 지시사항이 적힌 그림을 좌측 시야 영역에 보여주고 무엇을 보았는지 물어봤을 때 언어 중추가 있는 좌반구에는 아무런 정보가 전달되지 않았기에 당연히 아무것도 보지 못했다고 응답했다. 하지만 곧 이어서 자세를 취해보라고 했을 때 그림에 나온 지시사항을 따라 했다. 그리고 이어서 지금 왜 그런 행동을 했는지 묻자 "몸이 뻐근해서요. 참 재미있게 말씀하시네요."라는 식으로 자신이 하는 행동에 대한 그럴듯한 이유를 붙여 설명했다.[12] 마치 뇌 속의 언어 중추는 내가 하는 행동의 이유와 원인을 알지 못하더라도 내가 무엇을 하고자 하는지 알고 있고 통제하고 있다는 듯이 그럴듯한 말로 꾸며내는 이야기꾼처럼 행동했다.

이처럼 뇌는 각기 다른 방식으로 기능하는 부분들이 서로 연결되어 정보를 주고받고 있다. 그래서 우리는 때로 양립할 수 없는 감정들을 한 대상에게 느끼는 양가감정을 느끼기도 한다. 그리고 이 부분들이 서로 정보를 주고받지 못하면 각기 다른 것을 추구해 행동 충돌이 관찰되기도 한다. 정신세계에는 의식하지 못하는 무의식의 영역이 더 크다고 하니 인간의 내면은 여러 부분들로 나누어져 각기 다른 방식과 의도를 가지고 작동하는 세계일 수 있다. 그렇다면 필연적으로 불일치하고 충돌하는 부분들이 많을 것이다. 그렇게 나눠지고 불일치하는 부분이 많은 혼란스러운 내면세계이지만 분리뇌 실험에서 관찰한 것처럼 나의 언어 중추가 아주 그럴듯한 말들로 정돈되고 통일된 나로 묘사하고 있는 것일 수도 있다. 그래서 나는 단일한 존재로 인식되지만 실제로는 다양성을 지닌 부분들이 모여 있다고 보는 게 더 정확해 보인다.

(3) 중심성 VS 연결성: 의식하는 내가 나의 주인이라는 필수적인 착각

우리는 별다른 의심 없이 '의식하는 나'는 총체적인 '나(I)'의 중심이고 주인이라고 생각한다. 하지만 인간에 대한 여러 연구들과 관찰 결과를 보면 의식은 우리 정신세계의 일부분이고, 그 크기와 역할을 고려할 때 정신활동에서 의식할 수 있는 부분은 극히 작은 부분이라고 한다. 한 개인의 정신활동에서 의식할 수 있는 부분이 극히 일부분이라는 것은 의도적으로 통제할 수 있는 부분보다 통제할 수 없는 부분이 더 크다는 것이다. 즉 '의식하는 나'는 '나(I)'를 구성하는 여러 프로세스들 중의 하나이고, 다른 프로세스들과 상호 연결되어 있는 일부분일 수 있다는 것이다.

자기 자신에게도 숨기고 싶어 하는 것

상담실에 내담자가 찾아오면 처음에 무엇 때문에 찾아왔고 어떤 도움을 받고 싶은지에 대해 이야기를 나눈다. 이 내용을 바탕으로 상담의 목표를 정하게 된다. 그런데 상담을 진행하다 보면 처음 이야기했던 주제는 뒷전으로 밀려나게 되는 경우가 많다. 상담을 진행할수록 정말 오랜 시간 동안 마음속에 품어 놓았던 주제가 조금씩 정체를 드러내고 어느새 상담의 주제가 바뀌어 가는 것이다. 상담 초기에도 불쑥불쑥 이런 민감한 주제가 나오기도 한다. 그럴 때면 내담자는 별로 중요하지 않은 문제라는 식으로 황급히 다른 주제로 옮겨간다. 이때 이런 민감한 변화를 감지하지 못하고 황급히 벗어나는 주제에 상담자가 억지로 초점을 맞추려고 한다면 상담관계가 깨질 수 있는 위험이 있다. 이런 경우 명심해야 하는 것은 내담자가 의도적으로 자신이 정말 하고 싶은 이야기를 감추는 것은 아니라는 것이다. 아무에게도 털어놓지 못할 정도로 마음을 짓누르는 비밀은 그 무게만큼 의식적으로 마음에 담아두기 버거워 마음속 깊은 곳, 의식이 닿지 않는 곳에 애써 눌러놓고 있는 것이다. 그래서 내담자도 분명하게 인식하지 못하고 어렴풋이 무엇인가 이야기하고 싶은 게 있는 거 같다는 정도의 느낌만 남아 있는 경우가 많다.

상담이 진행되어 동맹이 잘 맺어질수록 대화의 주제는 자연스럽게 대면하기 어려워했던 주제로 흘러가게 된다. 그렇지만 아직 이 주제를 다루기에는 상담이 무르익지 않았을 수 있다. 이때 내담자의 마음을 괴롭히던 핵심적인 주제가 튀어나오면 금세 다른 주제로 옮겨 가는 것을 반복하기도 한다. 이런 경우 상담이 진행되는 한 시간 동안에도 수십 가지의 다양한 주제의 이야기가 나올 수 있다. 이럴 때면 그 내용이 얼마나 민감한 주제이고 말로 하기 어려운지 이해가 된다. 털어놓고 싶기도 하지만 무섭게도 느끼는 것 같다.

여기에서 주목해야 할 것은 이렇게 민감한 주제를 피하는 반응은 의식적으로 하는 경우는 거의 없고 대부분은 자신조차 알아차리지 못하게 불쑥불쑥 나오는 행동이라는 것이다. 즉 자기 자신에게도 숨기고 싶어 하는 이야기가 있다는 것이다. 배신당한 연인에 대한 사무치는 그리움, 가정을 파탄 내고 나의 어린 시절에 고통만을 남긴 아버지지만 그에게 인정받고 싶은 마음, 너무나 사이가 좋은 자매에게 느끼는 질투심과 죄책감에 대한 이야기들 말이다. 이런 이야기는 상담실에 찾아오는 내담자에게만 있는 것은 아닐 것이다. 나에게도 있고 대부분의 사람들에게도 있을 것이다. 내 안에 있지만 나도 알지 못하는 나의 마음속 이야기들 말이다.

무의식은 열등한가?

프로이트(Freud)는 정신분석에 대한 사람들의 편견을 이야기하면서 사람들은 정신과 의식을 동일한 것으로 본다고 했다. 여기에서 정신은 정신분석에서 분석의 대상이 되는 인간 마음의 총체를 의미하고, 의식은 깨어 있어서 스스로 인식할 수 있는 부분을 말한다. 프로이트는 인간의 정신 과정은 근본적으로 무의식적이어서 의식은 아주 작은 일부분이라고 했다.[13] 거대한 얼음 덩어리가 바다에 떠있는 빙산에 비유하면 수면 밖으로 나와 있는 작은 부분은 의식 그리고 바닷속에 가라앉아 있는 빙산의 대부분을 차지하는 아랫부분을 무의식이라고 보았다. 이제는 많은 사람들이 정신분석에 대한 이론을 알고 있어 무의식이라는 용어에 익숙하다. 하지만 자신에게 무의식이 존재한다고 경험할 수는 없다. 왜냐하면 무의식의 영역은 의식적으로 접근할 수 있는 부분이 아니기 때문이다. 무의식은 원래부터 존재하지 않았던 것처럼 내 안에 자리 잡고 있다. 그래서 잘 알고 있는 것과는 달리 무의식적인 부분이 간과되는 경우가 많다.

때로 무의식이라고 하면 받아들일 수 없는 충동이 억압되어 있는 곳이라고 해서 비합리적이고, 충동적이고, 위험한 것이라고 생각되는 경우가 많다. 더 나아가 무의식은 일상생활을 할 때 방해되는 부분이고 없애고 싶지만 없앨 수 없는 불필요한 것으로 치부되기도 한다. 그런데 무의식은 우리가 생각하는 것 이상의 역할과 능력을 가지고 있는 내면세계의 큰 축이다. 무의식의 세계는 분명 창의성 발현의 핵심이고, 무엇인가 하고 싶게 만드는 동기의 발원지이다.

캘리포니아 대학의 벤자민 베어드(Benjamin Baird)와 동료들은 모든 실험 참가자들에게 어떤 물건 이름을 알려준 후 이 물건으로 무엇을 할 수 있는지 용도를 물어보았다.[14] 그 후 세 그룹으로 나누어 각기 다른 역할을 수행하도록 하였다. 첫 번째 그룹에게는 숫자를 제시하고 짝수인지 홀수인지 즉시 응답하는 단순한 과제를 풀게 하였다. 두 번째 그룹은 마찬가지로 숫자를 제시하고 짝수인지 홀수인지 응답하도록 했는데 이번에는 바로 대답하지 않고 이어서 다음 숫자를 보여준 후 이전에 보여줬던 숫자가 짝수인지 홀수인지 응답하도록 하였다. 이 과제는 이전에 나왔던 숫자를 기억하면서 새롭게 추가된 숫자도 기억해야 하는 과제로 온 정신을 집중해야 하는 과제였다. 세 번째 그룹은 다른 그룹들이 문제를 푸는 시간 동안 그저 휴식을 취하게 하였다. 각기 다른 과제를 모두 수행한 후에 다시 모든 피험자들에게 이전에 했던 물건의 용도를 말하도록 하는 질문을 하였다. 그리고 처음 응답 내용과 각기 다른 과제를 한 후의 다시 응답 내용을 비교해서 어떻게 달라졌는지 확인했다.

그 결과 어려운 과제를 풀었던 두 번째 그룹과 아무것도 하지 않고 그저 쉬었던 세 번째 그룹은 아무런 변화가 나타나지 않았다. 그 반면에 아무 생각 없이 여유롭게 할 수 있는 과제를 풀었던 첫 번째 그룹은 40% 넘는 향상을 보였다. 이 실험결과를 통해 창의성이 필요한 과제를 수행할 때 의식적으로 그 문제에 집중하기보다 다른 것에 집중하지 않게 단순한 과제를 수행하면서 이런저런 생각들이 오고 갈 수 있도록 만드는 게 도움이 된다는 것이다. 이는 실험에 참가한 사람들에게 과제를 수행할 때 얼마나 마음이 방랑(Mind wandering)했는지 물어본 결과로 뒷받침되었다. 단순한 과제를 했던 첫 번째 그룹의 점수가 가장 높았다. 그래서 종종 유명한 과학자들이 산책을 할 때 중요한 아이디어를 떠올렸다는 일화들도 이와 관련되어 있을 수 있다.

심리학에서는 이것을 부화 효과(Incubation effect)라고 부른다. 부화 효과란 문제를 해결할 때 잠시 그 문제에서 벗어나 의식적인 사고가 일어나지 않는 과정을 거친 후에 문제 해결에 대한 새로운 통찰이나 아이디어가 떠오르는 현상을 가리킨다. 여러 연구들에서 이러한 부화 과정을 거치면 창의적인 해결책이 필요한 문제를 푸는 능력이 향상되는 결과를 보고했다. 이는 의식적인 노력으로 풀기 어려운 문제도 무의식 영역이 창의적인 해결책을 찾는 데 도움을 줄 수 있다는 것이다.

레퍼(Lepper)와 그의 동료들은 미술 도구부터 인형, 모형 자동차, 블록 등 여러 가지 놀이 도구가 있는 커다란 놀이방에서 아이들이 무엇을 하는지 관찰했다.[15] 그중 그림을 그리고 있는 아이들이 누군지 확인하고 놀이 시간이었던 3시간 동안 그 아이들 각자 그림을 그리는 데 얼마나 시간을 보내는지 기록했다. 그리고 그 아이들을 두 그룹으로 나눴다. 첫 번째 그룹의 아이들에게는 '일주일 뒤에 네가 그린 그림을 궁금해하는 선생님이 오실 거예요. 그때 그림을 그리면 선생님이 상장을 주실 거예요.'라고 설명했다. 두 번째 그룹의 아이들에게는 '일주일 뒤에 네가 그린 그림을 궁금해하는 선생님이 오실 거예요.'라는 이야기만 남겼다. 첫 번째 그룹에게만 외적인 보상을 주겠다는 약속을 한 것이다. 그리고 일주일 뒤 자유롭게 놀이 시간을 갖게 한 뒤에 얼마나 그림을 그리는지 관찰했다. 그 결과 예상과는 다르게 아무런 보상도 약속받지 않은 두 번째 그룹의 아이들은 일주일 전과 비슷한 시간을 그림 그리는 데 사용했고 반면 상장이라는 외적인 보상을 약속받은 첫 번째 그룹의 아이들은 그림 그리는 시간이 절반으로 줄었다. 이러한 결과는 수많은 심리학 실험에서 반복적으로 관찰되었다.

이를 통해 무엇인가 하도록 하는 동기를 두 가지로 나누어 볼 수 있다. 하나는 내적 동기(Intrinsic motivation)로 활동 그 자체가 만족감과 즐거움을 느끼게 해서 그 행동을 지속하게 하는 능동적인 힘이다. 이와는 다르게 외적 동기(Extrinsic motivation)는 칭찬이나 물질적인 보상을 통해 행동을 지속하게 만드는 수동적인 힘이다. 상식적으로 외적인 보상이 중요할 거 같지만 여러 연구를 살펴보면 외적인 보상이 오히려 동기를 떨어뜨리는 경우가 많다. 이 연구들은 외적으로 아무런 보상도 없지만 내적으로 품은 동기가 과업을 지속하고 목표를 달성하는 데 중요하다고 강조한다.

그렇다면 내적인 동기는 어떻게 유발할 수 있을까? 외적 동기를 일으키는 방법은 쉽게 떠올릴 수 있다. 돈과 같은 물질적 보상이나, 칭찬, 인정과 같은 심리적인 보상과 같은 것들 말이다. 이와 다르게 내적 보상은 외부에서 주어지는 것이 아니다. 그리고 당연하게도 내적 동기를 의식적으로 만들어 낼 수도 없다. 지금까지 운동에 전혀 관심 없던 사람이 갑자기 몸에 좋다는 이야기를 듣고 생각만으로 "이제부터 나는 운동을 좋아할 거야"라고 아무리 결심을 한다고 해도 운동이 좋아지지는 않는다. 내적인 동기는 내가 관심이 가고 호기심을 느끼고 그것에 대해 알고 싶어 하는 것이 무엇인지 내면의 목소리에 귀를 기울이며 따라가야 알 수 있다. 즉 내 마음속 무의식 세계에 있는 에너지를 찾아야 한다는 것이다.

나의 선택은 무의식이 먼저 한다

신경과학 분야에서 마음 연구의 중요한 주제 중 하나는 자유의지에 물리적 실체가 있는지에 대한 것이다. 벤자민 리벳(Benjamin Libet)은 이와 관련해 유명한 실험을 수행했다.[16] 피험자의 머리에 전극을 연결해 뇌파를 측정하면서 정해진 시간 내에 손가락을 움직이도록 하였다. 그리고 이와 함께 언제 손가락을 움직일 것인지 의식적으로 결정한 시점을 보고하도록 하였다. 6명의 피험자를 대상으로 40회 이상 시행을 반복한 결과를 분석하였다. 그 결과 손가락을 움직인 시간을 기준으로 뇌파의 활동이 시작된 시점은 550msec 먼저 나타났고, 의식적으로 결정한 시점은 200msec 앞서 나타났다. 즉 실제로 손가락을 움직이기 0.5초 전에 뇌의 활동이 나타났고, 그 후 0.3초 정도 후에 의식적으로 결정을 했다는 것이다. 다시 말해 뇌가 가장 먼저 작동하고, 그 후 의식적으로 결정을 하고, 그 후에 손가락이 움직였다는 것이다. 그는 이 연구결과를 의식적으로 행동하고자 하는 의도는 무의식적 뇌 활동에서 비롯된다고 해석하였다. 그러면서 한 발 더 나아가 의식적인 행동은 무의식적 뇌 활동에 앞서서 나타날 수 없지만, 손가락을 움직이려 하는 충동을 거부(veto)할 수 있다고 하였다. 이는 우리가 어떤 결정을 의식적으로 내렸다고 생각하지만 그것은 착각일 수 있다는 것이다. 자율적 행동의 본질은 무의식이 어떤 결정을 내리면 의식 수준에서는 이 결정이 실행되는 것을 중지하거나 방치하는 과정이라는 것이다. 즉, 무의식이 결정을 내리고 의식은 중재자의 역할만 수행한다는 의미이다. 이 연구가 발표된 이후 많은 비판과 논쟁을 일으켰지만 최근까지도 인용되며 재검증되고 있는 만큼 우리에게 많은 시사점을 던져주고 있다.

놀라운 무의식의 세계: 맹점, 운동맹, 맥커크 효과

1660년 물리학자 에듬 마리오트(Edme Mariotte)는 눈의 시신경이 모이는 지점에는 시각세포가 없어 물체의 상이 맺히지 못해 어떠한 것도 볼 수 없는 영역을 발견했다.[17] 이 부분을 맹점(blind spot)이라고 하는데, 이 사실은 너무나도 많은 사람들에게 알려져 있다. 현재 과학으로는 그 맹점 부위를 관찰할 수도 있다. 그렇다면 맹점은 구멍이 난 듯이 뻥 뚫려 있어야 할 거 같지만 전혀 그렇지 않다. 누구에게나 맹점은 있지만 의식적으로 알 수 없고, 전혀 불편함을 느끼지도 못한다. 그 이유는 인간의 시각 중추에는 맹점에서 보지 못한 영역을 보정해주는 시스템을 갖추고 있기 때문이다. 이런 자동적인 프로세스가 있다는 것도 놀랍지만 여기에서 주목해야 할 부분은 의식적으로 이 프로세스를 끄고 켤 수 있는 능력이 없을 뿐만 아니라 시각 정보가 그런 전처리 과정을 거친다는 것을 의식할 수 없다는 것이다. 우리는 태어난 직후부터 매일 훌륭하게 맹점을 보완하고 있지만 과학자들의 뛰어난 관찰력을 통해 알게 된 사실을 배운 후에도 맹점으로 구멍 난 부분을 인지할 수 없다.

인간은 시각세포가 보낸 정보를 분석할 때 물체의 형태와 운동 상태를 각기 다른 부분에서 처리한다. 이것이 의미하는 바는 움직이는 물체를 볼 때 어떤 물체인지 아는 것과 그 물체의 움직임을 분석하는 뇌의 영역이 다르다는 것이다. 그래서 물체를 보고 무엇인지는 알 수 있지만 물체의 움직임은 인식하지 못하는 운동맹(Motor blindness) 증상을 가지고 있는 사람들이 있다.[18] 이러한 증상의 이유는 뇌의 시각 피질에는 물체의 색채와 형태를 처리하는 무엇 경로(What pathway)와 물체의 움직임을 처리하는 어디 경로(Where pathway)가 따로 존재하는데, 이 중 시각피질의 등쪽(Dorsal)에 있는 어디 경로의 영역에 문제가 생겼기 때문이다. 물체의 움직임을 보지 못하는 사람들은 길을 걷는데 갑자기 자동차가 앞에 나타나고, 잔에 물을 따를 때도 물의 움직임을 보지 못해 넘칠 때까지 따르는 불편함을 경험한다. 하지만 단지 움직임만 보지 못하지 어떤 물체가 있는지는 정확히 분간할 수 있다. 그저 움직임이 없는 세상을 살고 있는 것뿐이다.

그렇다면 청각적 경험은 어떠할까? 언어의 말소리는 귀로만 듣지 않고 눈으로도 인지한다는 것을 보여주는 유명한 실험이 있다. 내 앞에 있는 사람이 입술 모양은 '가'이고, 말소리는 '파'라고 한다면 우리는 어떤 소리로 들을까? 상식적으로 말소리는 귀로 듣기 때문에 당연히 '파'라는 소리가 들릴 거라고 예상된다. 하지만 신기하게도 '타'라는 소리로 들린다. 발음이 부정확해서가 아니라, 눈으로 보는 입 모양과 귀로 듣는 말소리의 중간 정도 되는 소리로 인식하기 때문이다. 이처럼 인간은 소리를 들을 때 귀로만 듣지 않고 시각과 같은 다른 감각 기관으로도 듣는다. 특히 언어는 청각뿐만 아니라 말하는 사람의 입 모양을 통해서도 상당히 많은 정보를 얻는다. 앞의 예와 같이 청각 정보가 시각 정보의 간섭으로 변화되어 인지되는 현상을 심리학에서는 맥커크 효과(McGurk effect)라고 부른다.[19] 여기에서 더 이해하기 어려운 부분은 눈으로는 '가'라는 입 모양을 보면서, 귀로는 '파'라는 소리를 들었을 때 두 정보가 불일치한다는 것을 인식하지 못한다는 것이다. 그냥 별로 이상함을 느끼지 않는다. 그리고 더 신기한 것은 두 정보가 불일치할 때 둘 중 하나를 선택해서 듣는 것이 아니라 모두 반영해서 절충적인 '타'라는 소리로 듣는다는 것이다. 물론 눈을 감고 들으면 '파'라는 소리가 정확히 들린다. 이처럼 인간은 물리적인 정보를 바로 받아들일 수 없고 뇌에서 무의식적이고 자동적으로 여러 가지 정보를 조작하고 조율한 정보를 의식적으로 인지하게 된다는 것이다. 그래서 눈을 감고 들어서 '파'라는 소리가 들린다는 것을 알면서도 눈을 뜨고 '가'라는 입 모양을 보면 다시 '타'라고 들리는 것이다. 이처럼 인간은 의식적으로 통제할 수 없는 부분이 많다.

정서 전염

1,800여 명의 학생과 140명의 교직원이 있는 미국의 한 고등학교에서 일어난 기이한 사건이 있다. 어느 날 한 교사가 휘발유 냄새가 난다며 두통과 호흡 곤란, 어지럼증, 구역질 증상을 호소했다. 이를 본 학생들 중 몇명은 비슷한 증상을 호소하며 교실 밖으로 나갔고, 다시 이를 본 다른 학생들도 비슷한 증상을 보여 화재경보기를 울렸다. 사이렌 소리를 울리며 급하게 출동한 구급차에 실려 100명이 병원으로 이송됐고 그중 38명은 입원했다. 심지어 이날 출동한 경찰과 구급대원 중에 비슷한 증상을 보이는 사람도 있었다. 이 고등학교는 4일 동안 휴교를 했고, 소방서와 가스 회사, 주 정부 기관에서 사건을 조사했다. 그러나 이상하게도 아무런 문제를 발견할 수 없었다. 그 후 학생들과 교직원들이 학교로 돌아왔는데, 많은 사람들이 아직 휘발유 냄새가 난다고 했고 그중 71명이 고통을 호소하며 구급차로 병원에 이송됐다. 학교는 다시 휴교에 들어갔다. 이번에는 질병관리본부뿐만 아

니라 연방 환경보호국, 질병 등록국, 국립산업안전보건연구소 등 여러 정부 기관이 파견되어 대대적인 조사를 철저히 실시했다. 이 조사 내용은 뉴잉글랜드의 의학 학술지(New England Journal of Medicine)에 보고되었는데, 주 원인은 심리적 요인이었다.[20] 즉 실제 독성물질이나 가스 누출이 있었던 것이 아니고, 불안함과 공포와 같은 정서가 사람들 사이에 퍼져 나타난 심리적인 현상이라는 것이다.

이런 현상을 예전에는 집단 히스테리라고 불렀지만, 지금은 집단 심인성 질환(Mass psycholgenic illness, MPI)이라고 부른다. 이는 생물학적인 원인 없이 다른 사람들의 영향으로 심리적 연쇄 반응에 휘말리는 사회적 현상을 가리킨다. 이 질환에는 두 종류가 있다. 그 첫 번째는 '순수한 불안형'으로 정서적인 반응과 함께 복통, 두통, 실신, 호흡 곤란, 구역질, 어지럼증 등의 다양한 신체 증상이 나타날 수 있다. 두 번째는 '운동 신경형'으로 정서적인 반응과 함께 발작 증상이나 스스로 통제할 수 없는 웃음, 광란의 춤과 같은 행동 증상이 나타난다.

신생아실에 있으면 한 아이가 울기 시작하면 주변 아이들이 함께 우는 모습을 종종 볼 수 있다. 그리고 내 곁에 있는 사람이 즐거워하거나 우울할 때, 나도 비슷한 감정을 경험한 사람도 많을 것이다. 하버드대학의 크리스태키스(Christakis) 연구팀은 한 사람이 느끼는 행복이 주변 사람들에게 얼마나 영향을 미치는지 연구했다. 연구결과 한 사람이 행복하면 그 사람과 직접적으로 알고 있는 1단계 거리에 있는 사람이 행복할 확률은 약 15% 높아진다고 한다. 그리고 그 사람과 직접적으로 알고 있지는 않지만 한 사람 건너 알고 있는 2단계 거리에 있는 사람(친구의 친구)은 10% 높았다. 그리고 3단계 거리에 있는 사람(친구의 친구의 친구)의 경우 6% 행복의 확산 효과가 있었다. 그 이

상의 거리에 있는 사람은 행복의 영향력을 확인할 수 없었다.[21]

이렇게 감정이 전염된다는 것은 우리 뇌 속의 거울 신경 체계 (Mirror neuron system)로 설명할 수 있다. 이 체계는 다른 사람이 경험하는 것을 마치 내가 직접 경험하는 것처럼 느낄 때 활성화되는 뇌의 부위이다.[22] 예를 들어 겨울철에 빙판길을 걷다 크게 넘어지는 사람을 본다면 깜짝 놀라기도 하지만 실제로 자신도 넘어진 것과 같은 통증을 느낄 수 있다는 것이다. 실제로 운동선수가 달리거나 공을 차는 모습을 볼 때 뇌를 촬영해 보면 시각피질과 관련된 뇌 부위가 활성화된다. 이와 함께 직접 달리거나 공을 찰 때 활성화되는 운동과 관련된 뇌의 부위도 함께 활성화된다. 그러니까 운동선수의 움직임을 보면 마치 나도 움직이는 것처럼 경험할 수 있다는 것이다. 그래서 야구 경기장에 가면 투수가 던진 공에 맞은 타자를 볼 때 자신이 맞은 것처럼 몸을 움츠리며 아파하는 팬들도 심심치 않게 관찰할 수 있다. 이처럼 우리는 다른 사람의 경험을 내가 직접 경험한 것처럼 느낄 수 있다.

이처럼 정신세계는 의식적으로 접근하거나 변경할 수 없는 무의식 영역이 상당부분을 차지하고 있다. 그 무의식을 통해 정신적인 에너지를 얻고 창의적인 아이디어도 떠올린다. 또한 내가 의식적으로 선택했다고 생각하기 이전부터 뇌가 먼저 반응한다. 우리가 보지 못하는 부분을 정교하게 메꾸고 2차원의 시각 정보를 3차원 공간에서 연속적인 움직임으로 분석해 낸다. 그리고 청각 정보와 시각 정보를 통합하기도 하고 주변 사람과 상황을 분석하여 신체적이고 정신적인 영향을 미친다.

또한 인간은 다른 사람의 경험을 마치 내가 경험한 것처럼 느낄 수 있다. 이런 경험은 정서뿐만 아니라 신체적인 고통도 느끼게 할 수 있다. 즉 다른 사람이 느끼는 정서를 아는 수준이 아니고 내가 그 감정을 직접 경험한다는 것이다. 심지어 감정뿐만 아니라 신체적인 고통이나 움직임도 경험할 수 있다. 이런 경험들은 우리의 뇌가 만들어 내는 경험이다. 그렇다면 의식적인 생각만으로 고통을 느끼게 하고 시각과 청각 정보를 통합할 수 있는 사람이 있는가? 그럴 수 있는 사람은 없을 것이다. 그렇지만 우리의 뇌는 그런 상태를 만들 수 있는 시스템을 갖고 있다. 이 시스템을 의식적인 스스로의 의지로 가동시킬 수는 없지만 주변 사람과 상황에 의해 자동적으로 작동된다. 그러니까 내 안에 있는 시스템이지만 무의식적으로 주변 환경을 스스로 분석하고 통합하며 행동할 수 있는 심리적 에너지를 공급하고 있다는 것이다. 여기에서 한 발 더 나아가 무의식 시스템 중의 하나는 정서적인 변화뿐만 아니라 신체적인 증상도 만들어 낼 수 있는 권한이 있는 듯하다.

그렇다면 나라는 의식적인 부분이 총체적인 '나(I)'의 주인이고 중심적인 역할을 한다고 할 수 있는가? 인간의 의식이 분명 중요한 역할을 하고 있는 것을 부정할 수는 없다. 하지만 이렇게 의식되는 영역이 총체적인 '나(I)'의 중심이라고 볼 수는 없다. 단지 '나(I)'를 구성하는 다수의 요소들 중 하나라는 것이다. 그러므로 의식적인 나는 총체적인 '나(I)'의 여러 요소들과 연결되어 있는 하나의 부분이다.

2. 나에 대한 착각이 필수적인 이유

앞에서 살펴보았던 것처럼 여러 연구들과 관찰을 통해 '나(I)'의 존재에 대한 불변성, 단일성, 중심성은 환상일 수 있다는 것을 알게 됐다. 이것은 만들어진 믿음에 가깝고, 더 엄밀히 말하면 '나(I)'라는 존재는 실체가 없고 과학적으로 검증할 수 있는 영역이 아니라는 것이다.

그런데 만약 '나(I)'에 대한 이러한 믿음이 없다면 어떻게 될 것 같은가? 한 달 전의 나와 현재의 나 그리고 한 달 뒤의 내가 서로 다른 존재라면, 그리고 내 안에는 여러 개의 내가 있어서 진짜 어떤 게 나인지 모른다면, 그리고 어떠한 행동도 내가 의도한 것이 아니라 상황이나 타고난 기질적인 특성 때문에 한 행동이라고 한다면 이 세상은 어떤 모습일까? 아마 상상하기도 싫은 혼란 속의 지옥이 될 것이다. 그리고 인류가 지금까지 이룩한 모든 문명은 애초부터 존재할 수 없었을 것이다.

그렇다. 아무리 과학적인 실험으로 검증된 연구결과라 할지라도, 그리고 그것이 명백한 진실이라고 할지라도 '나(I)'라는 존재의 부정은 도덕적, 윤리적 그리고 법적으로 받아들일 수 없는 것이다. 그래서 '나(I)'에 대한 불변성, 단일성, 중심성은 환상일 수 있지만 필수적인 부분이다. 그렇다면 아무리 진실에 가깝다고 해도 혼란만 초래할 수 있는 필수적인 환상을 깨뜨리려고 하는 이유가 무엇인지 의문이 들 수 있다. 그 이유는 혼란을 주기 위함도 아니고 단지 호기심 때문만도 아니다. 그것은 이러한 착각과 환상으로 인해 이해되지 않고 해결하지 못하는 심리적인 문제가 있기 때문이다. 이제부터 혼란스러울 수 있지만 잠시만 착각을 걷어내고 '나(I)'는 끊임없이 변화하는 가변성과 여러 부분들이 공존하는 다양성, 의식적인 나는 다른 부분들과 연결되어 있는 하나의 부분이라는 연결성을 전제해 두고 논의를 진행하고자 한다. 이를 바탕으로 나에 대해 더 깊이 알아가고, 혼란스러울 수 있는 내부의 질서를 잡아가는 방법과 이를 위한 유용한 도구인 수용이란 무엇이며 어떻게 효과가 나타나는지에 대해 살펴볼 것이다.

지금까지 '나(I)'의 내면의 모습은 언제나 변할 수 있고 또한 변하고 있으며, 하나로 통일되어 있지 못하고 다양한 존재들이 모여 있으며, 내가 주체적으로 선택할 수 있는 부분은 생각보다 작을 수 있다고 이야기했다. 그런데 만약 이런 '나(I)'에 대한 탐색이 단지 지식적으로 그러니까 이성적으로 "알겠다!" 정도가 아니라 경험적으로 체험이 된다면 의학적인 전문가의 도움이 필요하다. 그러니까 이 내용을 읽고 "음, 그럴 수도 있구나." 정도가 아니라, 의도하지 않았는데도 몸이 저절로 움직이고 때로 내가 아닌 다른 존재가 되어 그때 기억을 떠올릴 수 없는 경험을 한다면 여기에서 제시하는 지식은 도움이 되기보다는 혼란만 더 키우게 될 것이다. 그러니 '나(I)'에 대한 부분은 가능성 있는 가설로서 봐주길 바란다.

이제부터는 이런 '나(I)'의 내면의 모습이 나타날 수 있는 이유에 대해 알아보고자 한다. 과연 나의 내면에서는 어떻게 정신이 만들어지고 있기에 불변성, 단일성, 중심성이라는 착각을 일으키는 것일까?

2장

내 안의 오케스트라

우리는 나(I)에 대해 3가지 착각을 하고 있지만,
역설적이게도 그 착각은 필수적이라고 했다.
그렇다면 끊임없이 변화하고, 다중적이며,
생각보다 자율적이지 않은 '나(I)'는
어떻게 구성되어 있고, 작동하는 것일까?

내 안의 오케스트라

우리는 나(I)에 대해 3가지 착각을 하고 있지만, 역설적이게도 그 착각은 필수적이라고 했다. 그렇다면 끊임없이 변화하고, 다중적이며, 생각보다 자율적이지 않은 '나(I)'는 어떻게 구성되어 있고, 작동하는 것일까? 이에 대한 물음에 답하고 '나(I)'에 대해 정의를 내리는 것은 아직 우리가 알고 있는 것보다 모르는 부분이 더 많기에 가능하지 않을 것이다. 그래서 이 책에서는 인간의 뇌가 작동하는 일부의 방식과 특성에 주목하여 고통과 고뇌가 생겨나는 이유와 이를 완화할 수 있는 방법에 대해 다루었다. 이 책에서 주목한 심리의 주요한 특징 중 하나는 인간의 내면세계는 고유한 알고리즘에 따라 기능하는 여러 마음의 구성요소들이 존재한다는 것이다.

훌륭한 오케스트라의 연주는 하나의 아름다운 음악으로 들리지만 그 안을 들여다보면 각 악기들이 자기만의 고유한 음색과 방식으로 연주되고 있다. 분명 오케스트라의 단원들이 지휘자의 지휘에 따르고 있지만 아름다운 음악을 만들어내기 위해서는 각 파트 연주자들의 기량과 아름다운 선율을 담은 악보 그리고 함께 호흡을 맞춰 연습한 시간이 필요하다. 그리고 오케스트라의 단원들은 수동적으로 지휘자에게 복종하고 있는 것이 아니라 다른 파트와 어우러져 함께 음악을 완성하기 위해 지휘자의 신호에 주의를 기울이는 것이다. 즉 오케스트라의 지휘자를 포함한 모든 단원들에게는 고유한 역할이 주어져 있고 이를 충실히 수행함으로써 하나의 곡을 완성해간다.

이제부터 인공지능(AI) 구현 원리와 심리학적 연구를 살펴보면서 '나(I)'라는 경험은 내 안의 여러 프로세스들이 유기적으로 서로 정보를 주고받으면서 만들어지는 것일 수 있다는 내용에 대해 논의하고자 한다. 그리고 여기에서 한 발 더 나아가 정신 영역의 다중프로세스의 존재를 기본으로 가정하고, 어떻게 해야 마음을 평화롭게 하고 현시대에 맞는 '나(I)'의 모습을 찾을 수 있는지 알아보려고 한다. 또한 앞으로 사용할 '나(I)'는 철학, 심리학, 사회학, 경제학 등에서 다루고 있는 자아(Ego), 자기(Self), 주체(Subject), 정신(Mental) 등의 전문 용어와 달리 의식적이고 무의식적으로 뇌에서 만들어낸 모든 경험을 총체적으로 표현하기 위해 사용하였다.

1. 나(I)의 구성과 작동방식: 분산형 병렬처리 다중프로세스

(1) 뇌가 작동하는 방식

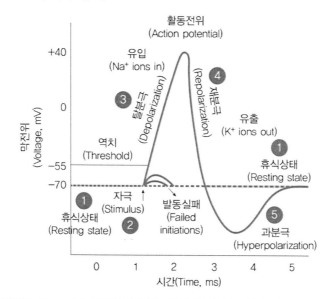

1. 휴식상태(Resting state): 아무런 자극이 없는 평상시의 상태이다. 신경세포의 세포 안쪽이 바깥쪽에 비해 상대적으로 약 −60~−80mV의 음전하를 띠고 있다. 이 상태에서 신경세포에 있는 '나트륨(NA⁺) −칼륨(K⁺) 펌프'가 작동하여 칼륨은 세포 안쪽으로, 나트륨은 세포 바깥으로 내보내어 농도 차이를 만든다. 이러한 신경세포의 안과 밖의 전위 차를 휴지막전위(resting potential)라고 한다.
2. 자극(Stimulus): 시각, 청각, 촉각과 같은 감각세포에 물리적인 자극이 발생하거나 인접한 다른 신경 세포가 발화하여 시냅스를 통해 신호가 전달되었을 때의 상황이다. 이렇게 자극이 전달되면 닫혀 있던 나트륨(Na⁺) 통로가 열린다.
3. 탈분극(Depolarization): 나트륨 통로를 통해 Na⁺이 유입되어 막전위가 상승한다. 만약 이 상승이 역치(threshold)에 이르게 되면 더욱 큰 폭으로 상승하여 전기신호가 축삭을 따라 전달되는 활동전위 (action potential)를 일으킨다. 하지만 자극의 강도가 충분하지 않아 역치에 도달하지 못하면 탈분극 이 중단되고 '나트륨−이온 펌프'의 활동으로 휴식상태로 돌아간다.
4. 재분극(Repolarization): 활동전위로 막전위가 +30mV 정도에 도달하게 되면 Na⁺ 통로가 닫혀 Na⁺의 유입이 중단된다. 또한 K⁺ 통로가 서서히 열리면서 '나트륨−칼륨 펌프'의 작동으로 신경세포 안 에 쌓여있던 K⁺이 농도 차로 인해 밖으로 유출되어 막전위가 하강하는 재분극(repolariztion)이 일어난다.
5. 과분극(Hyperpolarization): Na⁺ 통로가 불활성화된 상태에서 K⁺ 통로는 계속 열려있음으로 인해 막전위는 평소의 휴식상태보다 더욱 하강하는 과분극(hyperpolarization) 상태에 도달하게 된다. 그 러면 차츰 Na⁺ 통로가 열리고 K⁺ 통로가 닫히면서 막전위는 다시 휴지막전위로 돌아오게 된다.
6. 다시 휴식상태(Resting state): '나트륨−칼륨 펌프'가 작동하여 점차 평소의 막전위로 되돌아 온다. 이제 다시 역치 이상의 충분한 자극을 받으면 활동전위를 발생시킬 수 있도록 준비를 하고 있는 것이다.

● 그림 3 신경세포(Neuron)의 발화 과정

이제부터 인간의 마음은 뇌의 신경세포들이 시냅스를 통해 전기적이고 화학적인 소통을 통해 만들어진다고 가정하도록 하겠다. 그렇다면 나를 이해하기 위해서 먼저 우리 뇌가 처한 상황을 생각해볼 필요가 있다. 마음의 기원인 뇌는 외부 세계를 직접 경험하지 못한다. 그저 딱딱한 두개골 안에 얇은 막으로 싸여 액체로 가득 찬 곳에 갇혀있기 때문이다. 그런 뇌는 여러 감각 기관들과 연결된 신경다발을 통해 신호를 받는다. 그 신호의 정체는 감각 기관에 분포한 감각 세포들이 역치 이상으로 자극을 받으면 활동전위를 일으켜 보내는 전기적인 신호다(그림 3). 단일한 감각세포가 보낸 신호만으로 뇌가 알 수 있는 정보는 그저 하나의 신경세포가 일정 자극 이상으로 자극을 받아 전기적 신호를 보냈다는 정도이다. 예를 들어 집 안에 있을 때 밖에서 누군가가 초인종을 누르면 벨 소리가 난다. 이때 우리는 벨이 울렸다는 것만 알지 누가 무엇 때문에 벨을 눌렀는지 알 수 없다. 뇌는 이와 비슷한 상황에 놓여있다. 그리고 하나의 신경세포로는 외부 자극이 강한지 약한지 강도에 대한 정보를 보낼 수 없다. 그것은 신경세포는 일정 수준 이상의 강도로 자극받게 되면 항상 동일한 신호를 보낼 뿐이어서 그 자극이 강한지 약한지 구분할 수 없기 때문이다. 즉 감각세포는 신호가 있느냐 없느냐 둘 중 하나의 정보만 보낼 수 있는 실무율의 원리를 따른다.

눈의 망막에는 빛에 반응하는 시각세포인 원추세포가 약 450만 개이상이 있고 간상세포는 약 9천 1백만 개가 분포하고 있다.[23] 시각세포의 종류에 따라 각기 다른 파장에 반응하고, 그 반응은 전기적 신호로 바뀌어 100만 개의 신경세포다발을 통해 뇌의 뒤쪽으로 신호를 보낸다. 이제 뇌로 전달된 신호를 해석해서 세상에서 무슨 일이 일어나고 있는지 파악하고 적절한 행동을 취할 수 있도록 몸을 준비시키고 필요하다면 움직여야 한다. 이 정보는 한 번으로 끝나는 것이 아니라 감각세포가 흥분할 때마다 정보를 보낸다. 이제 이렇게 연속적으로 신호를 보내기 때문에 자극의 강도가 강한지 약한지를 구분할 수 있게 된다. 하나의 감각세포가 보내는 한 번의 신호만으로는 그 강도를 알수 없다고 했다. 하지만 그 신호가 한 번으로 끝나는 것이 아니라 여러 차례 반복해서 보내지면 강도를 구분할 수 있게 된다. 자극의 강도를 알 수 있는 방법은 신호의 빈도이다. 외부의 자극이 강하면 더 자주 빈번하게 활동전위가 발생해 연속해서 신호를 보낼 것이고 뇌는 신호들의 간격을 분석해 자극의 강도를 파악할 수 있다. 즉 강한 자극일때는 신호를 더 자주 반복해서 전달하고, 약할 때는 듬성듬성 보낸다는 것이다.

하지만 이런 주기를 통해 강도를 파악하는 데도 한계가 있다. 그것은 감각세포와 신경세포는 한 번 신호를 전달하고 나서 다시 신호를 전달하기 위해 준비할 시간이 필요하기 때문이다. 이 준비하는 시간을 불응기(Refractory period)라고 한다. 불응기 때는 아무리 강한 자극에도 신경세포가 활동전위를 일으키지 못한다. 이제 더 강한 강도를 전달하기 위해서는 다른 신경세포의 도움이 필요하다. 결국 어떤 감각기관에서 받아들인 자극의 강도를 파악하기 위해서는 전달되는 신호들의 주기와 얼마나 많은 신경세포들이 활성화되었는지 파악하기 위해 인접한 다른 신경세포들이 보내는 정보를 종합해야 한다.

하나의 감각세포가 뇌로 전달하는 정보는 거실에 있는 등을 켜는 스위치나 반도체와 같이 끄면 0, 켜면 1과 같은 단순한 정보라는 것이다. 또한 이러한 신호는 시각, 청각, 후각, 촉각, 내수용 감각 기관 등을 통해 지금도 헤아릴 수 없을 만큼의 정보들이 뇌로 쏟아져 들어오고 있다. 그렇다면 뇌는 이러한 정보들을 어떻게 처리하고 있을까? 이제 이에 대한 힌트를 얻기 위해 인간의 지능을 컴퓨터로 구현하고자 하는 인공지능의 원리를 통해 유추해보자.

인공지능(Artificial inteligence)의 구현

21세기 초입인 현재 컴퓨터의 연산능력은 비약적으로 커졌고, 전 세계의 사람들과 사물들이 하나의 네트워크로 연결될 수 있는 초연결 사회(Hyper - connected society)로 빠르게 발전하고 있다. 이제 인간들의 소통과 주변 사물들이 대부분 디지털 정보로 변환되어 저장되고 활용되면서 인공적으로 만들어진 지능의 영향력이 날로 커지고 있다. 불과 몇 년 전만 해도 자동화되고 인공지능으로 대체될 수 있는 영역은 단순하고 반복적으로 수행되는 영역에 제한되어 창조적인 영역은 최후까지 인간의 고유한 영역으로 남을 것이라는 예측이 많았다. 하지만 얼마 지나지 않아 생성형 AI의 등장으로 미술, 음악과 같은 예술의 영역에도 인공지능의 능력을 확인할 수 있게 되었다. 이로 인해 많은 부작용과 혼란을 초래하고 있지만 또 다른 한편으로 인공지능의 성과를 통해 인간 정신활동에 대한 이해가 한층 높아진 것도 사실이다.

인공지능은 인간의 지능을 이론적으로 모델링하여 이를 모사하면서 발전하였다. 그렇다면 가장 훌륭한 성과를 내고 있는 인공지능 모델을 분석하면 인간의 정신세계를 이해할 수 있지 않을까? 이에 대한 물음에 답하기에 앞서 중요하게 고려해야 하는 부분이 있다. 그것은 인공지능이 현재 보이고 있는 성능과 인간의 정신세계를 잘 모사했는 지는 별개로 보아야 한다는 것이다. 왜냐하면 다른 방식으로 작동하는 기계라 할지라도 서로 비슷한 결과물을 생산할 수 있기 때문이다. 즉 아무리 인간과 비슷하게 행동했다고 해서 인공지능의 방식과 인간의 방식이 똑같다고 보장할 수는 없다는 것이다. 같은 옷을 만든다고 해서 그 옷을 만드는 기계들이 똑같다고 보장할 수 없는 것과 같은 이치다. 그러므로 인간과 비슷한 그리고 어쩌면 인간의 수준을 넘어서는 인공적인 지능을 구현했다고 하더라도 그 인공지능을 구현한 모델이 인간 정신작용의 기제라고 할 수는 없을 것이다. Chat-GPT와 같은 거대 언어 모델(Large language model)이 아무리 사람처럼 말을 하며 반응한다고 해서 자의식이 있느냐, 그리고 모욕적인 말을 들었을 때 상처를 받는가, 전원 플러그를 뽑거나 메모리를 초기화하는 것에 두려움과 고통을 느끼느냐 하는 것은 인간에게 마음이 있는가를 검증하기 어려운 것처럼 단기간에 풀릴 수 있는 문제가 아닐 것이다.

이처럼 분명 한계점이 있고 아직은 섣부른 판단일 수 있지만 조만간 인간의 능력을 넘어서는 범용 인공지능이 개발될 것이라는 예측이 자연스럽게 받아들여지고 있는 상황이라는 것을 간과해서는 안 될 것이다. 이러한 관점에서 인간의 지능을 흉내 내어 구현한 인공지능 모델링이 성공적이었다고 판단할 수 있고, 인공지능의 알고리즘을 통해 인간의 정신활동이 어떻게 작동하는지 엿볼 수 있는 기회가 주어졌다고 생각한다. 이제부터 인공지능 개발에 참여한 과학자들이 인간의 지능을 어떻게 모델링했는지 알아봄으로써 '나(I)'에 대한 이해도 넓혀보고자 한다.

기호주의(Symbolism)

데카르트(Descartes)는 "나는 생각한다. 고로 나는 존재한다."라는 말로 '나'의 존재에 대해 논증했다. 이는 나를 구성하는 물리적인 실체인 몸이 있고, 이와 함께 정신이나 영혼과 같이 비물질적인 생각하는 그 무엇이 있다는 이원론적인 설명이다. 이원론은 검증 가능하지도 않지만 그렇다고 부정할 수도 없다. 하지만 마음을 연구하는 많은 과학자들이 이제는 '나(I)'라는 실체를 개념적이고 비물질적인 것으로 정의 내리지 않는다. 그렇다고 이를 딱히 부정하려고 하지도 않지만 말이다.

많은 심리학자나 뇌를 연구하는 과학자들이 기본적인 가정으로 삼는 것은 물리주의(Physiclism)적인 관점일 것이다. 물리주의는 모든 것이 물리적인 것에 수반되거나 필연적이라는 것을 명제로 삼는다.[24] 이 관점을 적용해 보면 '나(I)'라는 존재와 경험에는 물리적인 실체와 관찰 가능한 현상이 있다는 것이다. 그렇다면 물리주의적인 관점에서 '나(I)'는 어떻게 작동되고 경험되는가? 물리주의적인 관점으로 초기 인공지능을 구현하기 위해 인간의 지능을 설명한 이론은 기호주의적인 설명이다.

기호주의는 우리가 인식하는 세상은 어떤 기호로 치환될 수 있고, 이 기호들의 특정한 처리방식 즉 규칙을 통해 수정되고 저장되고 다시 불러올 수 있다고 본다. 예를 들어 '소크라테스는 사람이다.'와 같이 소크라테스라는 어떤 존재를 사람이라는 기호로 바꾸어 표기할 수 있다. 그리고 '사람은 죽는다.'와 같이 사람이 가지는 특성으로 규칙을 설정하는 것이다. 그러면 '소크라테스는 죽는다.'라는 결과를 자연스럽게 도출할 수 있다. 이와 같이 기호주의적인 관점을 가진 과학자들은 기호들과 그 기호들 간의 규칙을 설정함으로써 인공지능을 구현하려고 했다. 이러한 기호와 규칙 기반의 모델링은 컴퓨터의 작동 방식과 유사했기 때문에 초기 인공지능 개발에 적용되었다. 대표적으로 인지심리학자이며 컴퓨터과학자인 존 매카시(John McCarthy)의 역할이 컸다. 그가 1956년 개최한 다트머스 워크숍에서 처음으로 인공지능이라는 표현을 사용했고, 이에 대해 정의했다.[25] 물론 인공지능에 대한 아이디어와 개념은 이전부터 연구되어 왔다. 하지만 이 워크숍을 계기로 인공지능이라는 이름으로 여러 연구자들이 모였고, 다양한 전문분야에서 성과를 나타냈다. 예를 들어 체스와 같이 명확히 정의할 수 있는 특정한 영역에서는 성과를 나타낼 수 있었다. 그것은 체스의 기물들과 움직임이 모두 기호화할 수 있으며 일정한 규칙 안에서 벌어지는 일이기 때문이다. 하지만 현실 세계의 대부분의 현상들은 기호로 치환되기 어려웠고, 또한 어떤 특정한 규칙으로 움직인다고 명확히 규정하기 어려웠기 때문에 기호주의적인 관점으로 인공지능을 개발하는 것은 곧 한계에 부딪혔다. 즉 기호들과 규칙들로 구현할 수 있는 특수한 전문 분야에서는 좋은 성과를 보이기는 했지만 대부분의 현실 세계에서 일어나는 일에 적용하여 활용할 수 있는 인공지능을 개발하기는 어려웠던 것이다.

연결주의(Connectionism)

이러한 기호주의를 바탕으로 한 인공지능 개발의 한계에 직면했을 때 연결주의의 방향으로 인공지능 개발의 초점이 옮겨 갔다. 기호주의와 다른 연결주의의 차이점은 현실의 특성들을 기호로 치환하려고 하지 않고 그 특성들의 강하고 약한 연결들에 초점을 맞추는 것이다.[26] 예를 들어 강아지와 고양이를 인식하는 인공지능을 구현한다고 생각해 보자. 기호주의를 통해 강아지를 입력한다면 강아지를 나타내는 특정한 기호를 만들 것이다. 그리고 그 기호들의 하위영역에는 강아지의 특성을 나타낼 수 있는 세부 기호를 정의한다. 예를 들어 "강아지의 귀는 강아지 코드 [0001]에 귀를 의미하는 세부 코드 [01]을 추가해 강아지 귀 [000101]을 만든다. 강아지의 입은 세부 코드 [02]를 추가해 강아지의 입 [000102]라는 코드를 만든다."와 같이 대상에 대한 기호와 그 특성을 의미하는 세부 기호들로 강아지를 정의한다. 하지만 강아지와 고양이를 구분하는 기능을 넣으려고 하면 구분의 모호함으로 인해 복잡도가 급격히 상승하게 된다. 귀가 두 개 있다는 정의로는 강아지와 고양이를 구분할 수 없고, 강아지와 고양이의 귀는 귀만 봐서는 좀처럼 구분하기 어렵기 때문이다. 그래서 이러한 구분을 위해서는 귀의 개수뿐만 아니라 귀의 모양, 색, 움직이는 각도 등 셀 수 없이 많은 부분을 정의 내려야 한다. 그러므로 세부 특성을 정의 내리는 기호들의 수가 기하급수적으로 늘어날 것이다.

또한 강아지와 고양이를 구분할 때 어느 한쪽으로 분류하기 모호한 특성들이 존재하기 때문에 결국 기호로 치환하는 노력은 한계에 부딪힌다. 이러한 상황은 사람들에게 강아지와 고양이를 구분하라는 과제를 주었을 때를 생각해 보면 쉽게 이해될 것이다. 사람들에게 강아지와 고양이 사진을 보여주고 구분하라고 했을 때는 정말 순식간에 목표물을 골라낼 것이다. 하지만 왜 그런 결정을 내렸는지 설명해 보라고 하면 "강아지의 귀는 더 복스러워요. 눈이 더 올망졸망해요."와 같이 고양이에게 적용해도 이상하지 않은 특성을 언급하며 애매모호한 반응을 할 것이다. 이처럼 인간은 기가 막히게 강아지와 고양이를 구분할 수 있지만 어떻게 구분했는지를 설명하는 것은 어려운 일이다.

연결주의에서는 기호주의와 다르게 강아지와 고양이를 나타내는 기호를 명확히 정의 내리려 하기보다 그 동물이 가지는 특성들의 조합 즉 연결성에 초점을 맞춘다. 즉 두 눈 사이의 간격, 입과 코의 튀어나온 정도, 귀의 위치 같은 특성을 정량화한 수치로 표현하고, 그 수치들의 조합을 통해 강아지와 고양이를 구분하는 것이다. 예를 들어 강아지 사진을 보고 눈, 입, 코, 귀가 가지는 특성(예를 들어 눈과 눈 사이의 거리)을 정량화하여 [3.21, 4.23, 2.12, 4.22]와 같은 숫자로 코드화한다. 이러한 방식을 분산 표상(Distributed representation)이라고 한다. 그리고 이와 같은 방식으로 수많은 강아지 사진들을 모두 코드화한 후 통계적으로 가장 확률이 높은 숫자들의 조합을 찾아 강아지를 정의하는 것이다. 고양이의 경우도 강아지와 같이 대표적인 특성들의 정량화된 조합으로 정의 내린다. 그리고 새로운 사진이 주어지면 눈, 입, 코, 귀의 특성을 수량화하고 강아지와 고양이를 대표하는 코드와 비교해서 가장 차이가 적은 것을 최종적으로 선택하는 것이다.

결과만을 살펴보면 기호주의로 구현된 인공지능을 통해 강아지와 고양이를 구분한다면 명확히 강아지면 강아지 혹은 고양이면 고양이라는 결과가 도출된다. 하지만 연결주의에서는 명확하게 구분되기보다는 대표적인 코드와 가장 가까운 결괏값이 선택되기 때문에 확률적으로 강아지 68%, 고양이 75% 일치와 같은 결과가 도출된다. 그래서 강아지 점수와 고양이 점수를 비교해서 고양이 점수가 더 높으면 최종적으로 고양이가 선택되는 것이다. 결국 기호주의적인 접근은 강아지와 고양이를 구분할 수 있는 세부적인 사항들을 정의 내리려고 하지만 연결주의에서는 수량화된 지표를 통해 통계적으로 가장 가까운 것을 선택하게 된다. 즉 여러 지표들의 경향성을 확인하여 확률적으로 가장 가까운 것을 선택하는 것이다. 이는 뇌의 신경세포가 작동하는 방식과 비슷하다(그림 4).

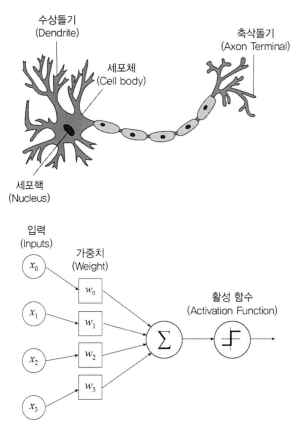

● 그림 4 신경세포의 작동기제를 모델링한 인공신경망의 개념도

신경세포는 크게 몸체 역할을 하는 신경세포체와 전선과 같이 전기
적 신호를 전달하는 축삭 그리고 말단 부위의 축삭말단으로 이루어져
있다. 신경세포체에는 수상돌기가 나무의 가지처럼 사방으로 뻗어 있
는데 이 부분들은 다른 신경세포의 축삭말단의 부분들과 인접해 있는
시냅스로 연결되어 있다. 다른 신경세포들이 시냅스를 통해 보낸 화학
적인 신호는 수상돌기 부분으로 전달되고 신경세포체는 이를 감지하

여 신호를 저장한다. 이렇게 전달되는 신호들이 쌓여 일정 수준 이상으로 역치 수준에 도달하면 전기적 신호를 발생시키고 이는 축삭을 통해 말단으로 전달되어 다른 신경세포와 연결된 시냅스를 통해 다른 신경세포들로 신호를 전파한다. 즉 뇌세포는 인접한 다른 뇌세포의 축삭 말단에서 시냅스로 방출한 신경전달물질에 무조건적으로 반응하는 것이 아니라 일정 수준 이상의 자극을 받아야 활동한다는 것이다. 또한 활동전위를 일으키는 흥분성 신호만 존재하는 것이 아니라 활동을 차단하는 억제성 신호 또한 존재한다.[27] 즉 연결주의에서 대표적인 지표들의 점수를 집계하여 통계처리해 확률을 계산하는 것과 같이, 하나의 뇌세포는 여러 곳의 정보를 취합하여 일정 수준 이상 자극이 되어야 다른 뇌세포로 정보를 전달한다는 것이다.

이처럼 연결주의를 통한 인공지능 모델링은 뇌의 신경망과 비슷한 형태를 취하고 있다. 이러한 뇌의 신경망의 특성을 모델링하여 인공지능을 구현하려고 하는 시도를 인공신경망(Artificial neural network)이라고 부른다.[28] 우리가 학습을 통해 새로운 것을 배울 수 있는 것은 여러 번 활동전위가 일어나면 시냅스의 연결이 많아지고 작은 자극에도 활동전위가 전달될 수 있는 환경이 갖춰지기 때문이다. 인공신경망 또한 시냅스를 통한 연결의 수와 강도가 달라지는 학습의 원리를 적용하여 모델링한다. 새로운 데이터가 입력되어 인공지능 모델이 변경되어야 할 때 어떤 특정한 변수에 입력되는 값들에 가중치를 높이거나 줄여서 이를 반영한다. 예를 들어 강아지와 고양이를 구분할 때 얼굴의 여러 특징들 중에서 두 귀 사이의 간격이 중요한 지표가 되었다면 이 변수에 가중치를 부여해서 전체 모형에 더 많은 영향을 주도록 하는 것이다.

(2) 중앙 집중식 직렬처리 VS 분산형 병렬처리

앞서 살펴본 바와 같이 연결주의의 관점에서는 뇌의 생물학적인 중추신경계, 특히 뇌의 신경망을 본떠 인공신경망을 모델링하였다. 여러 시행착오를 거쳐 21세기 초입에 있는 현재 인공지능의 능력은 놀라움을 넘어서 두려움을 줄 정도로 혁신적인 성과를 만들어 내고 있다. 이를 통해 이러한 신경망의 특성이 인간의 고유한 능력이라고 생각했던 여러 분야에서 인간과 흡사한 아니 어쩌면 더 뛰어난 성능을 발휘하고 있다. 그러므로 이런 결과물을 통해 신경망 모델링이 인간 정신의 발원지일 수 있다는 가정에 힘을 실어 주었다고 생각한다. 앞서 우리는 뇌가 감각 기관으로부터 전달되는 단순한 신호를 가지고 어떻게 복잡한 세상을 인지하는 것인가에 대해 고민을 했는데, 이제 인공지능의 원리를 통해 어느 정도 실마리를 잡을 수 있는 듯하다.

인간의 신경 말단에 있는 다양한 감각세포들은 시각, 청각, 촉각, 후각과 같은 각기 다른 자극을 동시적으로 뇌로 전달한다. 뇌로 전달된 정보는 수많은 신경세포들을 흥분시키고 연쇄적으로 시냅스로 연결된 다양한 네트워크로 확산된다. 수많은 신경세포들로 구성된 네트워크는 고유한 정보처리 프로세스를 가지고 있어 그 특성에 맞게 정보를 가공한다. 예를 들어 물체에 반사되어 수정체를 통과해 눈 안쪽으로 모아진 빛은 망막에 있는 시각세포를 흥분시킨다. 이때 발생한 활동전위가 뇌로 전달되는데 하나의 시각세포가 보낸 정보를 통해 뇌가 알 수 있는 것은 하나의 시각세포가 흥분했다는 정도의 일차원적인 정보이다. 이 일차원적인 정보는 다양한 뇌세포들의 네트워크로 구성된 후두엽 쪽에 위치한 시각 중추로 전달되어 분석된다. 이 네트워크는 정보의 특성과 신경세포의 구성 형태에 따라 고유한 분석 알고리즘을 가지고 있다.

이런 여러 프로세스가 순차적으로 작동하는 경우도 있지만 거의 동시적으로 정보를 분석한다. 예를 들어 시각 정보를 받은 어떤 프로세스가 물체의 운동을 분석할 때, 또 다른 프로세스는 모양, 색 그리고 공감각의 정보를 분석해 내는 것이다. 이렇게 가공된 정보는 인접한 다른 네트워크로 전파되고 아직 그 실체를 알 수는 없지만 나라고 의식되는 어떤 프로세스로 모아지면 눈앞에 있는 물체를 지각하게 된다. 그래서 앞서 살펴보았던 물체의 운동을 분석하는 프로세스가 존재하는 영역이 손상되면 모양, 색, 공감각은 인식할 수 있지만 움직임만은 볼 수 없게 되는 이해하기 힘든 현상이 나타날 수 있는 것이다. 그리고 또한 프로세스들만의 고유한 해석 알고리즘이 있기 때문에 여러 가지 착시 현상들도 경험하게 된다.

이와 같은 뇌과학과 신경학적인 발견과 인공지능 모델을 통해 인간의 정신세계의 특성을 몇 가지로 압축하면 다음과 같다. 그 첫 번째 특성은 일차원적인 정보를 고유한 알고리즘으로 처리하는 다양한 프로세스들이 존재한다는 것이다. 두 번째 특성은 다양한 감각 기관을 통해 전달된 수많은 일차원적인 정보들이 순서대로 뇌의 한 프로세스에서 다른 프로세스로 전달되는 것이 아니라 다양한 프로세스들에 동시에 전달되어 분산 처리된다는 것이다. 세 번째 특성은 여러 영역으로 나누어져 전파된 정보들이 순차적으로 처리되지 않고 여러 곳에서 한 번에 처리되어 가공된 정보들이 수렴된다는 것이다. 이를 통해 감각 기관을 통해 뇌로 전달된 정보들이 병렬처리된다는 특성을 도출할 수 있다. 이를 통합하여 정리하면 우리의 뇌는 일단의 뇌세포들로 연결된 다양한 네트워크를 가지고 있고 그 네트워크의 특성에 따라 고유한 정보처리 알고리즘을 가지고 있으며 이러한 네트워크로 전달된 정보는 여러 곳에서 동시에 처리된다는 것이다. 이제부터 이 일련의 특성을 '분산형 병렬처리 다중프로세스'라 명명하고, 아직 이를 단정하기에는 충분하지 않을 수 있지만 우리 인간이 이러한 시스템을 갖고 있다고 가정하고 논의를 이어가고자 한다.

2. 분산형 병렬처리 다중프로세스와 나에 대한 3가지 착각

우리의 정신과 마음을 만드는 뇌가 작동하는 방식을 단순화하여 분산형 병렬처리 다중프로세스 시스템이라고 하였다. 또한 앞서 살펴본 것과 같이 우리는 '나(I)'에 대해 3가지 착각을 하고 있다고 하였다. 그렇다면 분산형 병렬처리 다중프로세스와 '나(I)'에 대한 착각은 어떤 관계가 있는가.

우선 첫 번째로 알아볼 것은 불변성이다. 인공지능을 구현하기 위해 다양한 방식으로 모델을 구현했지만 그중 성과가 좋았던 것은 연결주의 관점이라고 하였다. 연결주의에서는 어떤 대상을 정의하기 위해 그 대상이 가지고 있는 다양한 특성들의 관계에 초점을 맞춘다. 인간의 뇌 신경망 또한 뇌세포 하나가 가지는 역할보다는 그 뇌세포가 속한 네트워크와 그 네트워크 안에서 뇌세포가 다른 뇌세포들과 시냅스로 연결된 특성이 중요하다. 여기에서 뇌세포는 다른 세포들과는 다르게 새로운 세포들로 교체되지 않는다고 하지만 다른 뇌세포들과의 연결은 변할 수 있고, 그리고 실제로도 현재도 끊임없이 변하고 있다. 이를 통해 '나(I)'라는 존재도 시냅스의 연결이 새로 연결되기도 하고 끊어지기도 하며 그리고 그 강도가 달라지는 것처럼 항상 변화하는 가변성을 가진 존재라고 보아야 할 것이다(가변성).

두 번째 착각은 '나(I)'는 하나로 통일된 단일한 존재라는 착각이다. 우리 뇌는 외부 세계를 직접 경험할 수 없고 감각 기관에서 보낸 일차적인 정보를 분석하고 가공해서 세상을 파악한다고 하였다. 이런 정보는 순서에 따라 체계적으로 분석되기보다는 뇌의 여러 네트워크들이 각자가 가지고 있는 알고리즘에 따라 분석하고 그 결과물을 또 다른 네트워크에 확산시킨다. 즉 감각 기관이 보낸 정보를 여러 프로세스들로 분산하고 이를 전달받은 각 프로세스들이 독립적으로 정보들을 병렬처리한다는 것이다. 또한 이러한 각기 다른 네트워크를 중앙에서 관장하는 별도의 시스템이 있다고 보기는 어렵다. 이를 통해 우리 내면은 군대 조직처럼 체계적인 위계질서를 가지고 있다기보다는 각자 자기의 악기로 고유한 음색을 내는 연주가들이 모인 오케스트라와 같이 특정한 알고리즘을 가지고 정보를 분석하는 프로세스들의 모임으로 볼 수 있다는 것이다. 결국 나의 내면은 다양성을 가지고 있다(다양성).

세 번째 착각은 '의식하는 나'는 총체적인 '나(I)'의 중심에 있다는 착각이다. 앞서 살펴본 바와 같이 뇌는 외부 세계의 아주 일부분의 정보밖에 볼 수 없다. 빛은 굉장히 넓은 스펙트럼을 가지고 있지만 우리가 눈으로 볼 수 있는 파장은 가시광선밖에 없지 않은가. 또한 부분적인 정보를 받아 처리하고 가공하는 뇌의 네트워크 대부분은 내가 의식적으로 영향을 미칠 수 없는 영역이다. 예를 들어 착시를 경험하는 특별한 상황을 우리는 알고 있다. 하지만 그 착시를 일으키는 상황을 아무리 정확하게 알고 있다고 해도 그 착시를 없앨 수는 없다. 항상 그 상황에 놓이면 착시 현상을 경험한다. 이처럼 나의 내면에서 일어나는 대부분의 일들은 무의식적으로 일어나며 의식적으로 통제할 수 없는 영역이라는 것이다. 이러한 무의식 영역은 시각, 청각, 후각, 촉각, 공감각과 같은 감각 기관이 보낸 정보를 일차적으로 처리하는 프로세스만 해당하는 것은 아니다. 우리가 삶을 살아갈 때 중요한 내면의 동기, 감정, 기분, 취향, 기호 등의 영역은 내가 아무리 의식적으로 바꾸고자 해도 바뀌지 않는 부분들이다. 앞서 살펴본 벤자민 리벳의 자유의지에 대한 실험처럼 어쩌면 우리가 의식적으로 할 수 있는 것은 무의식에서 처리된 정보와 무엇인가 하고자 하는 충동과 바람이 일어나면 필요하지 않은 정보는 무시하고 적절하지 않은 충동은 억제해서 행동으로 이어지지 않게 하는 역할만 하는 것일 수도 있다. 즉 '의식적인 나'는 '나(I)'를 구성하는 수많은 프로세스들 중에 하나일 뿐이라는 것이다. 감각 기관의 정보를 처리하고 마음의 동기, 정서, 인지와 관련된 다양한 프로세스들이 존재하는데, 그러한 수많은 프로세스들 중의 하나가 '나(I)'에 대한 개념을 가지고 의식적인 경험을 만드는 프로세스라고 볼 수 있다는 것이다. 그러므로 '의식하는 나'는 '나(I)'의 중앙에서 다른 프로세스들을 통제할 수 있는 권한을 가진 지휘부라고 착각하지만 실제로는 다른 프로세스를 없애거나, 변경하거나, 중단할 수 있는 권한이 없는 프로세스들 중 하나다. 결국 '의식적인 나'는 '나(I)'의 주인이라고 보기 힘들고 단지 나의 상태를 설명하거나 보여주는 한 조직의 대변인 정도의 역할을 가진 프로세스라고 할 수 있겠다.

3. 내면 질서의 필요성

생물은 생존을 위해 외부 세계에서 받아들인 부분적인 정보를 순간적으로 분석해서 위험은 피하고 필요를 채울 수 있도록 행동해야만 한다. 이를 위해 감각 기관을 통해 전달된 정보에서 다양한 특성을 분석하는 여러 프로세스가 필요하다. 이 프로세스들은 고유한 분석 알고리즘을 가지고 감각 기관이나 다른 프로세스가 보낸 정보를 분석한다. 그리고 프로세스들은 서로 연결되어 복잡한 네트워크를 형성한다. 예를 들어 눈을 통해 전달된 시각 정보는 색, 형태, 움직임 등과 같은 영역을 분석하는 여러 프로세스들로 전달된다. 그 후 각 프로세스들이 가진 고유한 알고리즘으로 분석된 정보는 시각 이미지로 수렴되어 지각된다. 이와 같이 다수의 네트워크들에 연결된 감각 기관의 신경세포들은 자극을 받으면 분산하여 정보를 전달하고 이를 전달받은 네트워크들은 병렬적으로 정보를 분석한다. 이렇게 '나(I)'는 분산되어 각자의 역할을 수행하는 프로세스들로 구성되어 있기 때문에 가변성, 다양성, 연결성을 가진 굉장히 역동적인 존재가 되었던 것이다.

하지만 이런 역동적인 특성을 그대로 둔다면 다른 사람과 관계를 맺을 수 없고 집단의 구성원이 될 수도 없다. 어제의 나와 오늘의 나는 다르고, 내가 표현한 감정은 내가 통제할 수 있는 부분이 아니라고 하는 사람과는 어떠한 관계도 맺을 수 없다. 그리고 작동하는 프로세스마다 무엇을 하고자 하는지 달라질 수 있기 때문에 자신에 대한 믿음과 일관성을 갖지 못할 것이다. 이런 내면의 상태를 그대로 방치했다면 인류가 이룩한 문명은 시작도 할 수 없었을 것이다. 민주주의, 공산주의, 자본주의, 사회주의와 같은 사회·경제적인 이념뿐만 아니라 기독교, 불교, 천주교 등과 같은 종교 그리고 아무리 작은 규모의 집단이라 할지라도 구성원들 간의 신뢰와 믿음이 없다면 유지될 수 없을 뿐만 아니라 형성조차 되지 않았을 것임은 분명하다. 이렇게 중요한 신뢰와 믿음을 형성하기 위해서는 기본적으로 한 개인에 대한 일관된 모습이 필요하며 이는 곧 인간 내면의 질서가 잡혀있어야 한다는 말이다.

이러한 내면 질서의 필요성으로 인해 '의식하는 나(I)'에 대한 불변성, 단일성, 중심성이라는 3가지 착각을 하게 되었는지도 모른다. 하지만 이러한 착각은 사회·경제·문화적인 문명의 꽃을 피울 수 있는 관계적 신뢰를 형성하는 중요한 밑바탕이 되었다. 그러므로 '의식하는 나(I)'에 대한 불변성, 단일성, 중심성은 필수적인 착각이라는 것이다.

그런데 여기에서 중요하게 고민해 보아야 할 것이 있다. 그것은 내면의 질서를 잡아가는 방법이 무엇이었느냐는 것이다. 뇌를 구성하는 여러 프로세스들은 자신들이 받아들이는 정보와 고유한 알고리즘에 따라 단지 정보를 분석하고 가공하는 역할만 수행하고 있는 듯하다. 이렇게 각자의 고유한 역할만 수행하는 내면에 질서를 부여하고 나에 대해 정의하여 일관된 모습을 갖춰야 할 필요성은 있지만 그 방법은 다양할 수 있다는 것이다. UN 회원국으로 속해 있는 국가의 수는 195개이지만 그 국가의 구성원들이 받아들이는 이념은 각양각색인 것과 같이 내면의 질서를 확립하기 위해 채택한 방식은 다양할 수 있다. 그렇다면 우리는 어떠한 방식으로 내면에 질서를 부여하고, 그 방식들로 인한 영향이 무엇인지 들여다 보아야 한다.

3장

내면 질서를 위한 준비: 수용

우리는 내면의 무질서를 잡기 위해 어떤 방법을 선택했을까?

그리고 그 방법으로 인해 초래될 수 있는 문제는 무엇일까?

이제부터 내면 질서를 위해 기존에 선택했던 방법과 부작용을 알아보고,

이 시대에 필요한 새로운 방법과 도구를 찾아보자.

내면 질서를 위한 준비: 수용

앞서 우리의 뇌는 외부 세계의 정보를 분산하여 병렬로 처리하는 다중프로세스로 정신세계를 만들어간다는 것을 설명했다. 이러한 시스템으로 인해 총체적인 '나(I)'라는 존재는 우리의 착각과는 달리 가변성, 다중성, 연결성의 특성을 갖는 역동적인 세계라고 하였다. 그러므로 내면의 질서가 필수적이며, 질서를 잡기 위한 노력의 결과로 불변성, 단일성, 중심성이라는 세 가지 착각을 하게 되었다. 이처럼 역동적인 내면의 세계 속에 질서를 부여하기 위해 지금까지 사용해온 방법의 특성을 이해하고 더 나은 방식을 탐구해볼 필요가 있다. 이러한 내면 질서에 대해 탐구하기에 앞서 우선 다중프로세스로 작동하는 '나(I)'의 특성으로 인해 생기는 심리적 문제와 이를 완화할 수 있는 방법을 알아보고자 한

다. 이 방법은 현재 직면한 괴로움을 치유하는 데도 도움이 되지만 더 나아가 내면의 질서를 만들어 가는 데 유용한 도구가 될 것이다.

1. 마음의 공명(Mind resonance) 현상과 이를 중단하는 방법: 수용

(1) 공명 현상

2000년 6월 10일 런던의 템스강에는 사람만 건너도록 설계된 인도교인 밀레니엄 다리가 개통되었다. 이 다리의 개통식에는 수많은 사람들이 참석해 새로운 다리를 건너기 시작했다. 수백 명의 사람들이 다리 위를 건너기 시작하자 몇 분 되지 않아 다리는 좌우로 흔들리기 시작했다. 첨단 건축 기술과 690톤의 강철로 지어져 수백 명의 사람들의 무게를 거뜬히 받아낼 수 있도록 설계된 다리였지만 그 흔들림은 계속되었고 결국 이틀 만에 다리는 폐쇄되었다. 다리가 흔들리는 원인을 규명하기 위해 다리를 건너는 사람의 수를 늘려가며 다리의 움직임을 관찰을 했다. 동시에 100명이 다리를 건널 때 흔들림은 거의 없었고, 사람의 수를 조금씩 늘리자 흔들림이 약간 증가하였지만 156명까지 큰 흔들림은 관찰되지 않았다. 그런데 156명에서 10명이 추가되어 166명이 되자 다리는 갑자기 크게 흔들리기 시작했다. 이 흔들림은 다리 개통일에 관찰되었던 흔들림만큼 크게 좌우로 흔들렸다. 이런 흔들림을 만들기 위해서는 수백 명의 사람들이 필요했던 것이 아니라, 고작 166명의 사람들이면 충분했던 것이다.

그런데 여기에서 이해하기 어려운 부분이 있다. 수백 명을 수용할 수 있도록 설계된 다리인데 고작 166명의 사람만으로도 다리에 큰 흔들림을 만들었던 것이다. 이 흔들림이 건설 단계의 결함으로 생긴 것도 아니었다. 다리의 흔들림을 만든 원인은 밀레니엄 다리의 고유한 주파수와 사람이 걷는 주기의 주파수가 서로 영향을 미쳐 생기는 공명(또는 공진) 현상으로 생겼던 것이다.

밀레니엄 다리는 강철로 이루어진 아주 튼튼한 다리였지만 다리에 힘이 가해졌을 때 1초에 한 번 좌우로 움직이는 1Hz의 주기를 가지고 있었다. 사람은 1초에 두 걸음을 내딛는다. 그러니까 왼발 오른발을 번갈아 가며 걸을 때 한 발을 내딛는 시간이 0.5초 정도 되어 두 걸음을 내딛으면 1초가 걸려 보통 2Hz의 걸음 주기를 가지고 있다. 물론 사람들이 한 걸음 내딛을 때마다 지면에 충격을 주지만, 690톤의 강철로 이루어진 다리에 한 사람이 가하는 힘은 거의 영향력이 없다. 그리고 수백 명의 사람들이 다리 위를 걸을 때 거의 2Hz의 일정한 간격으로 걷는다고 해도 모두가 발을 맞춰 걷지 않는 이상 발을 내디딜 때 전달되는 힘은 분산되어 실제로 다리에 미치는 힘은 거의 상쇄된다. 그런데 아무도 예상하지 못했지만 밀레니엄 다리가 가진 1Hz라는 고유한 진동수가 사람들이 발을 맞춰 걷도록 영향을 미쳤다. 밀레니엄 다리는 1초에 한 번 좌우로 움직이는 주기를 가졌다. 다리가 좌우로 흔들릴 때 사람들은 균형을 잡기 위해 흔들리는 리듬에 맞춰 걸음걸이의 속도를 조정한다. 그래서 밀레니엄 다리의 흔들리는 주기에 맞춰 사람들은 중심을 잡으려고 걸음걸이를 조정하다 보니 자기도 모르게 다리를 건너는 모든 사람들과 발을 맞추게 되었던 것이다. 처음에는 아주 작은 진동이기 때문에 다리의 진동은 일부의 사람들에게만 영향을 미쳤다. 이는 수십 명의 걸음을 동기화시켰고 더 큰 힘을 다리에 전달했다. 그러면 다리는 이전보다 더 크게 좌우로 흔들리게 된다. 이렇게 커진 다리의 흔들림은 더 많은 사람들에게 영향을 미쳐 이제는 수백 명의 사람들이 중심을 잡기 위해 다리의 진동에 맞춰 걸음을 동기화시킨다. 결국 수백 명의 사람들이 발을 맞춰 한 번에 다리에 힘을 가하게 되고 이제는 육중한 다리도 무시하지 못할 힘이 작용하여 출렁이게 된다. 이러한 과정이 계속 반복될수록 다리의 흔들림은 사람의 걸음걸이를 더 동기화시키고 한 번에 다리에 더 큰 힘을 주게 되는 순환 고리가 생긴다.

그리고 어떤 물체의 고유한 진동수에 맞춰 흔들림의 방향으로 힘을 반복해서 전달하게 되면 물체는 점점 크게 흔들리게 된다. 우리가 그네 타는 것을 상상해 보자. 그네가 앞뒤로 움직일 때 그 리듬에 맞춰 몸을 앞뒤로 힘을 주면 점점 그네가 크게 반원을 그리며 움직인다. 밀레니엄 다리도 사람들이 의도하지 않았지만 그네를 탈 때와 비슷하게 모두가 한 번에 다리의 흔들림에 맞춰 힘을 가해 육중한 다리가 요동치게 만들었던 것이다. 이러한 현상을 공명(Resonance)이라고 한다. 이는 특정한 고유 진동수를 지닌 물체가 그와 같은 진동수를 가진 힘을 주기적으로 받을 경우 진폭과 에너지가 크게 증가하는 현상을 말한다. 그네를 탈 때 뒤에서 누군가가 밀어준다면 그네의 움직임에 맞춰 앞으로 나아갈 때 밀어준다. 그러면 점점 그네는 크게 흔들리게 되는데 만약 그네가 가까워질 때 반대로 민다면 그네는 금세 멈춰 서게 될 것이다. 이러한 공명 현상은 서로 고유한 진동수를 가진 물체가 서로의 진동수에 맞춰 힘을 가할 때 생길 수 있다. 앞서 살펴본 밀레니엄 다리에서는 다리의 흔들림이 사람들의 발걸음을 맞추게 하여 충격을 증폭시키는 순환 고리로 인해 공명 현상이 생긴 것이다. 이런 공명 현상이 우리들의 마음속에서도 일어난다면 어떤 일이 벌어질까?

(2) 마음에서 일어나는 공명 현상

확장 및 구축 이론

바버라 프레드릭슨(Barbara Fredrickson)은 확장 및 구축 이론(Broaden and build theory)에서 기쁨과 즐거움과 같은 긍정정서를 느끼는 것은 개인의 사고를 확장시키고 이는 개인적으로나 사회적인 자원에 접근할 수 있는 기회를 증가시킨다고 하였다.[29] 회사에서 회의 시간에 분위기를 가볍게 만들고 위트 있는 농담을 주고받으면 새로운 아이디어를 더 자주 떠올릴 수 있는 것과 같이 긍정적인 정서 경험은 우리의 사고를 확장시킨다는 것이다. 그러면 이러한 사고의 확장은 새로운 아이디어를 내는 데 영향을 미칠 뿐 아니라 자신의 아이디어를 주변 사람들에게 자주 이야기해서 더 많은 피드백을 받을 수 있게 만들 것이다.

이와 같이 긍정정서는 사람들을 더욱 적극적으로 행동하게 함으로써 더 많은 기회를 자신에게 연결할 수 있게 만든다. 결국 이러한 성공 경험들은 더 자주 긍정정서를 경험하게 만들고 더 적극적으로 행동하게 만드는 순환 고리를 통해 지속적으로 긍정경험을 할 수 있는 환경을 구축한다는 것이다. 이러한 확장 및 구축 이론은 대인관계에도 적용해 볼 수 있다.

긍정정서가 일으키는 공명

만약 긍정적인 정서 경험이 다른 사람과의 관계에서 경험된다면 어떨까. 긍정성 공명(Positivity resonance)은 이자 관계 이상의 집단에서 긍정적인 상호작용이 일으키는 영향에 대한 이론이다.[30·31] 나와 함께 있는 사람을 지지하고 배려하는 마음은 언어적으로도 표현되겠지만 특히 비언어적인 행동으로 전달된다. 상대방이 이야기할 때 눈을 마주치며 그 사람 쪽으로 몸을 기울이고, 미소를 지으며, 중간중간 고개를 끄덕이면서 이야기에 집중하고 경청하고 있다는 신호들 말이다. 그리고 상대방이 취하는 자세와 비슷하게 따라 하며 조화로운 상호작용을 하게 된다. 이러한 반응은 상대방을 편안하고 여유롭게 만들어 대화에 더욱 진솔하고 깊게 참여시킬 것이다. 이는 다시 나에게로 전달이 되어 서로가 서로에게 긍정적인 경험을 할 수 있는 지지자원이 될 가능성을 높인다.

한 연구에서 부부가 15분 동안 대화를 나누는 것을 관찰했는데, 서로에게 보이는 비언어적인 긍정적인 태도와 그들이 느끼는 경험들이 13년간의 건강과 30년 동안의 수명을 예측하였다.[32] 그러니까 서로 지지적이고 배려하는 부부가 그 당시에 행복감을 더 느낄 뿐 아니라, 더 건강하고 오래 산다는 것이다. 이는 단 두 사람의 관계뿐만 아니라 지지적인 다수가 함께 모인 집단에서도 나타나게 될 것이다. 이를 통해 긍정적인 정서와 경험은 한 개인의 만족감과 사회적 자원들과 연결되는 기회를 제공할 뿐만 아니라 그 개인이 속한 집단에도 긍정적인 영향을 미칠 수 있다는 것을 알 수 있다.

특히 집단 내에서 배려하고 지지적인 상호작용은 다른 구성원들에게 긍정적인 경험을 제공하여 더욱 수용적인 자세를 갖게 만든다. 이는 거울에 비친 자신의 모습을 보는 것처럼 상대방으로부터 배려 받는 경험을 할 수 있는 기회를 제공하여 긍정적인 경험을 강화하게 되고 이는 다시 상대방에게로 전파된다. 이처럼 사람과 사람 사이에서도 긍정적인 정서 경험이 증폭되는 공명 현상을 일으킬 수 있다.

부정정서가 일으키는 공명

정서의 공명 현상은 긍정정서뿐만 부정정서에서도 관찰된다. 범불안 장애를 가진 사람들은 일상생활에서 마주치는 다양한 상황에서 불안함을 느낀다. 이 불안함은 작은 걱정에서부터 시작될 수 있다. 예를 들어 미래에 발생할 가능성이 아주 낮은 부정적인 사건이 거의 확실하게 일어날 것이라 예상하는 파국적 사고(Catastrophic thinking)가 대표적이다.[33·34] 그리고 범불안 장애를 가진 사람들은 위험을 과대평가하는 경향이 높다.[35] 또한 한 가지 걱정이 다른 주제에 대한 걱정으로 퍼져나가는 것도 관찰할 수 있다.[36] 그래서 이러한 걱정을 하는 습관은 걱정에 대한 걱정을 하는 메타 걱정으로 나타날 수도 있다.[37]

이처럼 하나의 작은 자극이 걱정을 일으켰을 때 그 걱정은 미래의 파국적인 사건을 예측하는 생각으로 연결되어 결과적으로 과도한 불안함을 지속적으로 느끼게 만들 수도 있다. 즉 걱정은 파국적인 생각에 영향을 미치고 그 예상은 불안을 일으키고 더 강한 걱정을 하게 만든다. 이러한 악순환의 고리가 형성되어 불안이 증폭되면 스스로도 감당하기 어려운 공황상태에 빠져들 수도 있다는 것이다.

(3) 무한히 반복되고 증폭되는 마음의 순환 고리: 마음의 공명

공명 현상은 일정한 주기로 흔들리는 물체를 그 주기에 맞춰 주기적으로 힘을 줬을 때 더 크게 움직이는 현상이다. 즉 물리적인 공명 현상은 두 물체 사이에 일어나는 현상이다. 긍정성 공명 현상에서 살펴본 것과 같이 개인과 환경 그리고 개인과 개인의 대인관계에서도 이와 유사한 현상을 관찰할 수 있다. 즉 한 사람의 마음의 흐름에 맞춰 지지적인 힘을 가하면 긍정적인 경험을 증폭할 수 있으며 이러한 힘은 다시 되돌아오고 서로 강화하는 연결고리가 생길 수 있다는 것이다.

이렇게 두 사람 이상의 집단에서 일어날 수 있는 현상이 한 개인의 내면에서 일어날 수 있을까? 그런데 물리적인 공명 현상과 관계 속에서 일어나는 긍정성 공명은 서로 힘을 주고받을 수 있는 개별적인 존재가 둘 이상 필요하다. 물리적인 공명을 일으킬 수 있으려면 힘을 받는 물체와 힘을 가하는 물체가 있어야 하고, 긍정성 공명 또한 긍정적인 경험을 시작하는 사람과 그 경험을 받는 사람이 필요하다. 그런데 어떻게 한 개인의 내부에서 공명 현상이 일어난다는 말인가. 우리는 앞서 '나(I)'라는 존재는 다중프로세스로 작동하는 시스템에 가깝다고 보았다. 그러므로 만약 다중프로세스 중에 하나의 프로세스가 다른 프로세스에 영향을 미치고 서로 상호작용한다면 충분히 공명 현상과 같이 힘을 증폭시키는 메커니즘이 생성될 수 있다고 가정할 수 있을 것이다. 부정정서와 파국적인 생각이 서로 영향을 미치며 순환해 걱정과 불안을 증폭시키는 현상과 비슷하게 말이다.

생리적, 신체적 반응이 정서에 미치는 영향

드라마에서 사랑스러운 주인공이 비극적인 상황에 내몰린 장면을 보며 눈물을 흘리는 사람에게 "왜 울고 있나요?"라고 묻는다면 당연하게도 "너무 슬퍼서요."라고 대답할 것이다. 슬픔을 느껴서 운다는 이 대답이 너무나 자연스럽게 들리지만 심리학에서는 이는 잘못된 해석이라고 주장하는 이론이 있다. 미국의 철학자이자 심리학자인 윌리엄 제임스(William James)와 덴마크의 칼 랑게(Carl Lange)는 정서 경험은 외부에서 일어난 일에 대한 신체 반응을 지각한 결과로 생긴다는 제임스 - 랑게 이론(James-Lange theory)을 주장했다.[38] 슬퍼서 우는 것이 아니라 눈물을 흘리는 신체적인 반응의 결과로 슬프다는 감정이 생긴다는 것이다. 즉 외부의 자극은 신체적 변화를 일으키고 이에 대한 결과로 정서를 경험한다는 것이다. 이를 지지하는 근거로는 안면 피드백 가설(Facial feedback hypothesis)에 대한 실험이 유명하다.[39] 이 실험에서는 참가자들을 두 집단으로 나누었다. 한 집단은 인위적으로 입꼬리가 올라가도록 볼펜을 가로로 깊숙이 물게 하고 만화책을 보게 했다. 다른 집단은 휘파람을 불 때처럼 입술이 모아지도록 만들기 위해 볼펜을 앞쪽으로 길게 해서 입술로 물게 했다. 그리고 만화책이 얼마나 재미있었는지 응답하도록 했다. 결과는 첫 번째 집단이 두 번째 집단보다 만화책이 더 재미있다고 응답했다. 프리츠 스트랙(Fritz Strack)과 그의 동료들은 이 연구 결과를 두 번째 입을 오므려 펜을 물게 한 집단은 웃는 표정을 지을 수 없어 감정을 표현할 수 없었던 반면 첫 번째 집단은 자유롭게 웃는 표정을 지을 수 있었기 때문에 더 재미있게 느꼈다고 해석했다. 즉 얼굴 표정과 같은 신체 반응이 즐거움이라는 정서에 영향을 미쳤다는 것으로 제임스-랑게 이론을 지지했다. 하지만 이 연구 결과는 다양한 조건에서 재검증되었는데, 다수의 연구에서 표정과 정서에 관계가 있다는 결과가 재현되지 않아 많은 논쟁을 불러일으켰다. 이에 2022년 국제 공동연구팀은 19개국에서 3,878명의 피험자를 대상으로 얼굴 표정과 정서의 관계를 규명하는 대규모 실험을 진행했다.[40] 이 연구 결과 우울증을 극복할 수 있을 만큼 강하지는 않지만 미소를 짓는 것이 즐거운 정서 경험을 높일 수 있다는 결론을 내렸다.

인지가 정서에 미치는 영향

정서 이론에는 생리적이고 신체적인 반응이 정서에 영향을 미친다는 것을 인정하지만 이와 함께 몸의 변화에 대한 인지적인 해석이 중요하다고 주장하는 이 요인 이론(Two - factor theory)도 있다. 스탠리 샤흐터(Stanley Schachter)와 제롬 싱어(Jerome Singer)는 1962년에 생리적 변화인 자율신경계의 반응은 단조롭기에 다양한 정서 경험을 설명하기에는 부족하다고 보았다.[41] 즉 생리적 각성만으로는 모든 정서 경험을 만들지 못한다고 주장한 것이다. 다양한 정서 경험을 할 수 있는 이유는 생리적 변화와 함께 이를 해석하는 인지적 평가과정이 정서 경험을 만든다는 것이다. 즉 똑같은 생리적 반응도 어떻게 해석하느냐에 따라 다른 감정으로 경험될 수 있다는 것이다. 예를 들어 어떤 사람이 심장이 빨리 뛸 때 자신이 처한 상황을 위험하다고 해석하면 공포를 경험하고, 만약 사랑하는 사람과 함께 있다면 설렘으로 경험할 수 있다는 것이다.

이를 검증하는 실험으로 연구자들은 피험자를 모집하고 A, B, C 세 개의 그룹으로 나누었다. A, B 그룹에게는 비타민 주사가 시력에 미치는 영향을 연구한다고 거짓말을 하고 실제로는 아드레날린 주사를 놓았다. 아드레날린은 교감신경계가 자극이 되면 분비되는 호르몬으로 여러 기관을 자극해서 혈압을 높이고 동공을 확장시켜 사람을 흥분시킨다. C 그룹에게는 사실대로 아드레날린이라는 것을 알려주고 주사를 놓았다. 그리고 시력 테스트를 진행하기 위해 기다리라고 한 후 기다리는 동안 설문지에 응답하도록 하였다. 그 설문지의 문항은 "당신의 가족 중 정신과 치료를 받아야 하는 사람이 있나요?", "당신의 어머니는 얼마나 많은 남자와 바람을 피웠나요?"와 같이 응답하기

거북한 질문으로 구성되어 있었다. 이 설문지의 내용은 모두 동일했는데, 그룹마다 설문을 응답하는 장소의 분위기가 달랐다. A 그룹의 피험자들이 응답을 하는 공간에는 미리 약속된 연기자가 설문지를 세차게 구기며 "이런 모욕적인 질문을 해!"라며 소리를 지르고 방을 뛰쳐나갔다. 반면 B 그룹에서는 연기자가 흥겹게 콧노래를 흥얼거리며 여유 있게 종이비행기를 접어 날리며 기분 좋은 분위기를 만들었다. 설문이 끝난 후 피험자들에게 어떤 감정을 느끼는지 응답하도록 했다. A 그룹의 피험자들은 기분이 상하고 화가 났다고 응답을 한 반면 B 그룹은 기분이 좋았다고 응답했다. 그리고 C 그룹은 별다른 감정을 느끼지 않는다고 응답했다. 세 그룹 모두 동일하게 아드레날린 주사를 맞고 몸이 각성되었지만 그에 따라 경험되는 정서가 달랐던 것이다. A 그룹은 연기자가 화를 내는 모습을 보고 몸의 흥분을 이상한 설문지가 기분을 나쁘게 했기 때문이라고 해석하여 화나는 감정을 느꼈다. 그 반면 B 그룹은 기분이 좋은 연기자를 보며 자신의 몸이 흥분한 것을 좋은 방향으로 해석해서 기분 좋은 감정이 들었다고 응답했다. C 그룹은 각성되는 이유를 알고 있었기 때문에 이유를 찾을 필요가 없어 별다른 감정을 느끼지 않았다고 보고한 것이라고 연구 결과를 설명했다.

또한 '흔들리는 다리 효과'에 대한 실험도 유명하다. 1974년 더튼(Dutton)과 아론(Aron)은 다리를 건너는 남성에게 여성 공모자가 다가가 설문조사를 요청하며 궁금한 점이 있다면 연락을 하라고 전화번호를 주는 상황을 설계했다.[42] 설문조사를 하고 연락처를 주는 상황은 동일했지만 두 그룹으로 나누어 한 그룹은 흔들리는 다리 위에서 실험을 진행했고 다른 그룹은 일반 다리 위에서 진행했다. 그리고 얼마나 많은 피험자들이 여성 공모자에게 전화를 하는지 관찰했다. 그 결과 첫 번째 그룹인 흔들리는 다리 위에서 실험을 진행한 남성들이 여성 연구자에게 전화를 한 비율이 높았다. 연구자들은 이 결과를 흔들리는 다리에서 경험하는 긴장감을 여성이 매력적이어서 생겼다고 해석하여 설렘을 경험했기 때문이라고 보고했다. 이와 같이 우리는 동일한 상황이라도 그 상황을 어떻게 해석하느냐에 따라 다양한 감정을 경험한다. 그 이유는 생리적인 특성이 달라서일 수도 있지만 이 요인 이론에서 주장하는 바와 같이 그 상황을 어떻게 해석하고 이름 붙이느냐에 따라 전혀 다른 정서를 경험할 수 있기 때문이다.

정서가 인지나 기억에 미치는 영향

정서는 일방적으로 상황, 생리적 반응, 인지적 해석에 영향을 받는 부분일까? 그렇지 않다. 우울할 때 꽉 막힌 듯이 가슴이 답답하다고 표현하며 절망적인 일들만 생길 것 같은 불안함을 느끼기도 한다. 이렇게 세상을 보는 관점이 협소해지고 주의가 부정적인 측면에만 집중되는 상태를 '터널 시야(Tunnel vision)'라고 부른다. 이처럼 인간이 느끼는 정서나 기분이 행동이나 인지에 미치는 영향도 크다.

프레드릭슨(Fredrickson)과 브레니건(Branigan)은 2005년에 기발한 실험을 통해 정서가 세상을 보는 방식에 미치는 영향에 대해 통찰을 제공했다.[43] 우선 실험자들은 피험자들에게 짧은 영상을 시청하도록 했다. 이때 세 개의 그룹으로 나누어 첫 번째 그룹 A에게는 긍정적 정서를 유발하는 영상을 보여줬고, 두 번째 그룹 B에게는 부정적 정서를 유발하는 영상을 보여줬고, 마지막 세 번째 그룹 C에게는 막대기만 나오는 아무런 감정도 들지 않는 영상을 보여줬다. 그리고 그림 5와 같은 전역(Global) – 국소(Local) 문항에 응답하도록 했다. 문제 1의

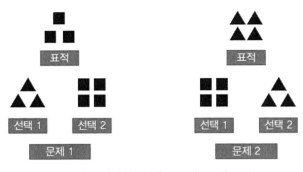

● 그림 5 전역(Global)–국소(Local) 문제

표적 자극은 네모난 블록 세 개가 삼각형 모양으로 쌓여 있다. 그리고 선택지로 제시된 두 개의 자극 중 하나는 작은 세모 블록이 삼각형 형태로 쌓여 있고, 다른 하나는 네모 블록이 사각형 형태로 쌓여 있다. 문제 2는 반대로 표적 자극은 삼각형 블록이 네모 모양으로 쌓여 있고 선택지 자극 첫 번째는 네모 블록이 사각형, 두 번째는 세모 블록이 삼각형으로 쌓여 있다. A, B, C 그룹의 피험자들에게 문제를 제시하고, 표적 자극과 가장 유사한 보기 자극 두 개 중에 하나를 고르도록 했다. 이 문제의 공통점은 어떤 것을 선택해도 틀린 답은 없다는 것이다. 그러니까 표적 자극의 블록들이 쌓여 있는 모양에 주의를 기울이면, 동일하게 쌓여 있는 보기를 선택할 것이고, 작은 블록에 주의를 기울이면 그 작은 블록으로 쌓인 보기를 선택할 수 있기 때문이다. 즉 문제를 첫 번째 기준으로 푼다면 세부적인 정보보다는 블록이 쌓여 있는 형태인 전반적인 정보에 초점을 맞추고 있으므로 '전역(Global)' 선택이라고 이름 붙일 수 있고 이와 다르게 세부적으로 블록의 모양 정보에 초점을 맞추면 '국소(Local)' 선택이 된다.

실험 결과 긍정적 정서를 유발하는 영상을 시청한 첫 번째 그룹 A

는 '전역(Global)' 선택을 더 많이 했던 반면 부정적인 정서를 유발하는 영상을 시청한 두 번째 그룹 B는 '국소(Local)' 선택을 더 많이 한 것으로 나타났다. 아무런 정서도 유발하지 않는 영상을 시청한 그룹 C는 '전역(Global)'과 '국소(Local)' 선택이 거의 비슷하게 나타났다. 실험에서는 문제를 풀게 하고 바로 이어서 피험자들에게 하고 싶은 일의 목록을 작성하도록 요청했다. 그 결과 그룹 A(긍정정서)가 하고 싶은 일의 목록의 수가 가장 많았고, 그다음으로 그룹 C(중립) 그리고 마지막으로 그룹 B(부정정서)가 가장 적은 수의 목록을 제출했다. 이 연구를 통해 긍정정서를 경험하면 세부적인 정보보다는 전반적인 정보에 더 초점을 기울이고, 자유롭게 더 많은 생각을 떠올리게 만든다는 것을 알 수 있다.

프레드릭슨은 이를 기반으로 진행한 일련의 연구를 통해 긍정정서가 신체, 정신, 사회적인 자원을 구축할 수 있게 한다고 주장했다. 긍정적인 정서를 경험하는 것은 스트레스를 감소시켜 면역력을 향상시키고,[44] 심장질환을 감소시키는[45] '신체적 자원'을 구축할 수 있게 돕는다. 또한 긍정정서는 사고와 행동 목록을 넓혀 여러 사건들에 유연하게 대처할 수 있도록 돕는 탄력성을 향상시켜 정신적 자원을 구축하는 데 도움을 준다는 것이다. 그리고 마음이 즐겁고 편안할 때 주변 사람들에게 주의를 기울일 수 있는 여유가 생기는 것처럼 긍정정서를 느끼면 주의를 기울이는 초점이 나에게서 주변 사람으로 확장되어 사회적 자원을 구축할 수 있는 기회를 높일 수 있다고 보았다.[46] 이처럼 우리가 느끼는 정서는 주변에 관심을 기울이는 주의의 폭을 넓히거나 좁힐 수 있고, 생각과 선택할 수 있는 행동 방법을 다양화하거나 단순하게 만들 수도 있다.

상상이 정서와 인지에 미치는 영향

엘리베이터와 같은 좁은 공간에 들어가거나 많은 사람들 앞에서 발표를 해야 할 때 극도의 불안과 두려움을 경험하는 불안장애를 치료할 때 노출치료를 많이 활용한다. 노출치료는 말 그대로 불안과 두려움을 느끼는 상황을 체험하면서 호흡법이나 근육이완법과 같이 심리를 안정화할 수 있는 방법을 활용해 내성을 키우는 기법이다. 효과가 검증된 치료기법이지만 상담실에서 잘 활용되지 않았는데 그 이유는 상담사와 단둘이 있는 공간에서 불안을 느끼는 상황을 만들기가 쉽지 않기 때문이다. 그래서 노출치료에서 많이 활용되는 방법이 심상을 통해 간접적으로 노출을 시키는 방법이다. 즉 많은 사람들 앞에서 발표를 할 때 불안을 느낀다면 눈을 감고 그 장면을 상상하도록 하는 것이다. 그런데 정말 상상만으로도 치료효과가 나타날 수 있을 만큼 불안과 두려움을 느끼게 할 수 있을까? 그냥 상상하는 건데 말이다.

레단(Reddan)과 웨이저(Wager), 실러(Schiller)는 심상(상상)을 활용하는 것과 실제 상황에 노출하는 것의 차이를 확인하기 위한 실험을 진행했다.[47] 이 실험에서 피험자 모두에게 따끔한 정도이지만 꽤 불편함을 느끼는 전기충격과 함께 소리를 여러 차례 들려주었다. 학습심리학의 고전적 조건형성(Classical conditioning)으로 전기충격(무조건자극)의 불쾌함과 소리(중성자극)를 연합시킨 것이다. 이런 과정을 반복하면 나중에는 전기충격 없이 소리만 들어도 마치 전기충격을 받은 것처럼 몸이 경직되고 긴장감이 드는 경험을 하게 된다. 소리와 전기충격의 불편함이 학습된 것이다. 이런 연합의 연결고리를 소거(Extinction)시키는 가장 단순한 방법은 중성자극(소리)을 무조건자극(전기충격) 없이 여러 차례 경험시키는 것이다. 즉 노출치료 기법과 같이 전기충격을 하지 않으면서 반복해서 소리를 들려주는 것이다. 이 실험에서는 이러한 소거 과정을 달리하여 3가지 조건을 만들었다. 전기충격과 소리를 학습시킨 피험자들을 세 그룹으로 나누어 첫 번째 A 그룹에게는 소리를 직접 들려주었고, 두 번째 B 그룹에게는 실제 소리를 들려주지 않고 그 소리를 상상하도록 했다. 마지막 C 그룹에게는 학습 과정에서 들려준 소리와는 무관하게 차분한 기분이 드는 새의 지저귐과 빗소리를 들려주었다. 노출치료에 적용해보면 A 그룹은 실제노출(In vivo exposure), B 그룹은 심상노출(Imaginal exposure), C 그룹은 시간과 이완이 소거에 미치는 영향을 비교하기 위한 대조그룹으로 처치한 것이다. 그룹마다 얼마나 소거가 진행되었는지 확인하기 위해 fMRI를 통해 뇌의 활동을 관찰하고 피부전도반응을 측정해 생리적 반응을 기록했다. 실험 결과 A 그룹(실제노출)과 B 그룹(심상노출)은 뇌활동이 비슷하게 나타났고 소거효과도 나타났다. 반면 C 그룹(대조군)은 다른 그룹과 뇌 반응이 달랐고 소거도 일어나지 않았다. 이를 통해 치료실에서 시행해 왔던 심상 즉 상상을 활용한 노출은 실제 상황에 노출하는 것과 비슷한 뇌 활성화와 효과를 보였다는 것을 알게 되었다.

이처럼 우리의 뇌는 상상을 통해 실제 경험과 비슷한 효과를 만들어낼 수 있다는 것이다. 어쩌면 뇌는 상상과 현실을 구분하지 못하기 때문에 이런 결과가 나타난 것일 수 있다. 즉 뇌의 입장에서 보면 상상과 현실이 그렇게 차이가 나지 않을 수 있다는 것이다. 뇌는 물로 가득 찬 좁은 공간에 갇혀있고, 외부의 현실은 감각 기관들과 연결된 신경들을 통해 전달받는다. 그런데 우리의 뇌는 여러 프로세스들이 병렬적으로 정보를 처리하는 기관이라고 했다. 그렇다면 어떤 프로세스가 감각 기관을 통해 받은 정보와 이와 유사한 다른 프로세스가 생성하여 전파한 정보를 받는다면 이 둘을 구분할 수 있을까? 그렇지 않은 거 같다. 현실과 비슷한 즉 상상을 만들어내는 프로세스는 그것이 상상으로 만들어진 결과물이라는 것을 알고 있겠지만 그 결과물을 받은 다른 프로세스는 외부 감각 기관에서 들어온 것인지 아니면 다른 프로세스가 만든 것인지 구분하지 못한다는 것이다. 왜냐하면 똑같은 전기적이고 화학적인 신호일 테니까 말이다.

행동이 상황에 미치는 영향

인간은 상황에 따라 울고 웃고 하는 수동적인 존재인가? 당연히 그렇지 않다. 속담에 '웃는 얼굴에 침 못 뱉는다', '말 한마디에 천 냥 빚도 갚는다'는 말이 있듯이 생각하는 것보다 우리의 행동은 주변 사람들에게 큰 영향을 미친다. 이와 관련하여 심리학에서는 '후광효과'라는 것이 있다.[48] 이는 어떤 사물이나 사람을 바라볼 때 긍정적이거나 부정적인 어떤 부분에만 주목해 전체적인 평가를 내리는 경향성을 나타내는 용어이다. 한 남성을 대상으로 정장을 입히고 외모를 깔끔하게 다듬은 A상태와 청바지와 티셔츠를 입고 별다른 외모를 꾸미지 않은 B상태를 만든다. 그리고 여러 명의 여성들에게 두 상태를 각각 보게 한 후 경제적 상황과 직업을 유추하고 호감이 가는 정도를 응답하도록 했다. 그 결과 정장을 입은 A상태일 때 더 부유하고 좋은 직업을 가지고 있을 것이라고 응답했고 더 높은 호감을 보였다. 이와 같이 무엇을 입고 어떻게 꾸미는지에 따라 사람들이 받는 첫인상이 달라진다. 그래서 자기계발서와 강연에서 이런 말들이 자주 나온다. '또박또박 분명하게 이야기하라', '웃으면서 상냥하게 대하라', '어깨를 펴고 당당하게 걸어라'와 같은 말들 말이다. 이처럼 밝고 긍정적이고, 포용적인 태도는 사람들과 더 많이 연결될 수 있는 기회를 만들 수 있다. 이와 반대인 상태는 사회적 관계를 위축시킬 수 있다는 것이다.

상황, 생리적 변화, 인지, 정서, 기억, 상상, 행동의 순환 고리

이제 지금까지 살펴본 여러 이론들과 실험을 통해 심리학자들 대부분은 생리적이고 신체적인 반응이 일방적으로 정서 경험을 만든다고 생각하지 않는다. 즉 생리적 변화가 정서 경험을 만들 뿐만 아니라 이를 어떻게 바라보는지와 같은 인지적 해석 또한 영향을 미친다. 그리고 이런 정서가 부정적인 속성을 가졌다면 터널 시야와 같이 주의와 생각의 폭을 좁히고, 반대로 긍정적이라면 사고와 주의의 폭을 넓힌다. 그래서 부정적인 정서를 경험할 때는 우선적으로 위험을 피하는 보수적인 행동을 하게 되고, 반대로 긍정적인 정서를 경험할 때는 창의적이고 도전적인 행동을 하게 된다. 결국 이러한 행동들은 주변 상황에 영향을 미치게 된다. 이뿐만 아니라 정서와 생각은 우리의 상상력을 자극한다. 유쾌한 기분이 들면 행복한 상상에 빠지듯이 말이다. 반면 절망감과 무기력감을 느끼면 최악의 상황, 파국적인 상태를 상상하게 된다. 이런 상상은 실제 세계에서 일어나는 일과 비슷한 영향을 줄 수 있기 때문에 정서적인 경험에 영향을 미친다.

그렇다! 여기에서 중요한 점을 발견할 수 있다. 그것은 생리적 변화, 인지, 정서, 기억, 상상, 행동에 관여하는 각각의 프로세스들이 다른 프로세스들에 일방적으로 영향을 주거나 받는 것이 아니라, 서로 영향을 주고받을 수 있다는 것이다(그림 6). 그리고 아무리 처음에는 내적인 경험이 상황에 의해 촉발되었다고 할지라도 겉으로 드러난 행동으로 인해 상황이 영향을 받게 된다. 결국 내적인 마음의 모든 프로

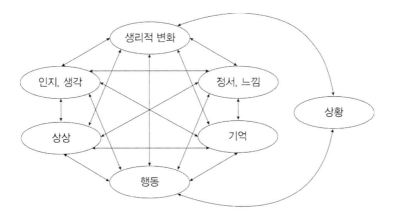

● 그림 6 마음의 공명 현상을 만드는 프로세스들의 순환 고리

세스들과 외적인 환경은 끊임없이 서로 영향을 주고받고 있다는 것이다. 즉 상황이 생리적인 변화를 만들고 그에 대한 해석이 정서 경험을 만들게 되고, 그 정서 경험은 세상을 바라보는 시각을 변화시켜 생각과 행동을 결정하게 하고 그 행동은 우리 주변에 영향을 미친다는 것이다. 이제 변화된 주변 상황은 우리의 생리적 변화에 영향을 미치게 되어 순환 고리가 완성되었다. 그뿐만이 아니다. 이제 이러한 순환 고리는 실제 세계가 존재하지 않아도 돌아갈 수 있다. 그것은 우리의 상상력이 실제 세계를 대체할 수 있기 때문이다. 즉 화나는 감정은 극단적인 상황을 상상하게 만들고 그 환상 속에서 부차적인 불쾌함과 같은 부정적인 정서를 경험할 수 있다는 것이다. 상황과 생리적 변화, 인지, 정서, 상상은 서로가 서로에게 영향을 주고받으면서 순환 고리가 형성되어 끊임없이 반복될 수 있다. 이러한 순환 고리는 작은 힘으로도 다리를 흔들 수 있는 물리적인 공명 현상과 유사한 결과를 정신과 마음에서 유발시킬 수 있는 토대가 된다.

2. 마음의 공명 현상이 중요한 이유: 뇌는 차이 값에만 주목한다

마음에서 일어나는 공명 현상은 축복이 될 수 있지만 또한 저주가 될 수도 있다. 이러한 정신의 되먹임 과정은 우리가 학습을 하도록 하며 기억을 유지하고 중요한 것에 집중할 수 있도록 돕기 때문이다. 그런데 학습을 하고 주의를 집중하는 데 되먹임 작용이 필요한 이유는 무엇인가. 그 이유는 뇌는 차이 값에만 주목하는 특성이 있기 때문이다. 앞서 뇌세포가 어떻게 작동하는지 알아보면서 실무율에 대한 개념을 살펴보았다. 뇌세포는 일정 수준 이상의 자극을 받으면 활동전위를 발생시키는데, 그 크기가 하나로 고정되어 있다. 즉 아무리 강한 자극을 받아도 하나의 감각신경이 발생시키는 활동전위는 동일하다는 것이다. 그리고 한번 활동전위를 일으킨 뇌세포는 휴지기를 갖는다고도 했다.

그리고 이러한 활동과 휴지기는 무한히 반복될 수 없는데, 그 이유는 물리적인 한계를 가지고 있기 때문이다. 그러니까 활동전위를 일으키고 그 신호를 시냅스를 통해 전달하기 위해서는 에너지와 화학물질이 필요한데, 그 양이 한정되어 있다. 이러한 신경세포의 물리적인 한계로 인해 감각 경험에서 둔감화(Desensitization) 혹은 습관화(Habituation)라고 하는 현상이 생긴다. 처음 식당에 들어가면 맛있는 음식 냄새가 나지만 곧 익숙해지면 아무 냄새도 안 나고, 따뜻한 목욕물에 들어갈 때 처음에는 뜨겁게 느껴지지만 곧 온도에 적응돼 따뜻하게 느끼는 것처럼 우리의 감각은 몇 번 반복되면 그 자극에 익숙해져서 무감각해진다.

(1) 잔상효과(After-image effect)

　　모니터, TV와 같은 디스플레이는 계속 켜져 있는 거 같지만 사실은 1초에 수십 번 깜박이면서 사진과 같이 정지해 있는 화면을 보여준다. 인간은 1초에 15번 사진을 연속해서 보여주면 깜박임을 인지하지 못하고 자연스럽게 움직이는 동영상으로 인식하게 된다. 모니터는 더 자연스럽게 움직임을 표현하기 위해 1초에 60번 혹은 그 이상 깜박이면서 장면을 보여주는데 이를 화면 재생률이라고 하여 헤르츠(Hz)로 표기한다. 이렇게 짧은 시간 안에 여러 장의 사진을 보면 깜박임을 인식하지 못하는 이유는 우리 눈은 빛을 보면 일정 시간 동안 잔상이 남기 때문이다. 강렬한 빛일수록 이러한 잔상효과는 더 오래 지속된다고 한다. 그래서 사진을 본 후 바로 눈을 감아도 잠시 동안 사진 속의 모습이 어렴풋하게 남아 있는 것을 알 수 있다. 이렇게 단시간에 강한 시각적인 자극을 받았을 때 이미지가 그대로 남아 있는 것을 양성 잔상이라고 하며 이를 통해 모니터의 화면을 동영상으로 인식할 수 있는 것이다.

　　그리고 이와 비슷하지만 다른 양상으로 나타나는 잔상효과가 있는데 그것은 자극받은 빛과 명암이 반전되어 보색으로 보이는 음성 잔상효과이다. 붉은색을 오랜 시간 응시하다가 백색의 종이를 보면 초록색으로 보이는 음성 잔상효과가 나타난다. 수술실의 수술복이 초록색인 이유는 붉은색의 피를 보다 흰색 가운을 보면 초록색 얼룩이 보이기 때문이다. 음성 잔상이 나타나는 이유는 다음과 같다. 망막에 있는 시각세포 중에는 빨강, 파랑, 녹색에 반응하는 세포가 따로 있다. 빨간색을 보면 이 빨간색에 반응하는 시각세포가 활동전위를 일으켜 뇌로 신호를 전달한다. 그런데 계속 응시하고 있으면 이 세포가 피로해져 더 이상 신호를 보내지 않는 색순응(Chromatic adaptation) 상태가 된다.[49] 이때 흰색 바탕을 보면 우리 눈에는 빨강, 파랑, 녹색의 스펙트럼이 모두 들어오지만 아직 색순응에서 벗어나지 못한 빨간색에 반응하는 시각세포는 신호를 보내지 못해 나머지 파랑과 녹색의 신호만 보내게 되어 흰색 바탕이 청록색으로 보이게 되는 것이다. 이처럼 감각세포는 끊임없이 활동할 수 없으며 활동전위를 생성한 후에 어느 정도의 휴지 기간이 필요하다. 이는 감각세포뿐만 아니라 신호를 전달하는 신경세포들도 마찬가지다.

감각세포와 같이 뇌세포도 한번 활성화되면 인접한 스냅스로 정보를 전달한 후에 휴지기에 들어간다. 그리고 전달받은 정보는 휘발된다. 즉 한번 정보를 전달하고 나면 뇌세포의 역할은 끝이 나는 것이다. 모든 마음의 작용이 신경세포에서 일어난다는 것을 인정한다면 감각 기관의 둔감화와 같은 현상도 감정이나 다른 마음의 경험에도 적용될 수 있다는 데 동의할 것이다. 그렇게 감정 또한 다른 감각 기관처럼 한번 경험된 감정은 시간이 지나면 사라지고, 둔감화되어야 할 것이다. 하지만 우울이나 불안과 같은 부정적인 감정은 사라지기보다 더 커지고 오랜 시간 지속되는 경험을 누구나 가지고 있을 것이다. 그렇다면 왜 이런 현상이 일어나는 것일까? 분명 한 가지 색을 오래 응시하거나 같은 냄새를 오래 맡으면 감각 순응이 일어나고, 뇌세포도 한번 활성화되면 일정 시간 동안 휴지기가 필요한데 말이다.

그런데 이를 가능하게 하는 방법이 있다. 그것은 하나의 뇌세포를 계속 자극하는 것이 아니라 한번 활동한 후에 일정 시간이 지나 휴지기가 끝나고 충분히 휴식할 수 있는 시간 직후에 다시 자극을 하는 것이다. 이를 자동으로 하기 위해서는 여러 뇌세포를 둥글게 원을 그려

이어 놓으면 된다. 그러니까 뇌세포 A의 말단을 뇌세포 B의 세포체에 연결시키고 다시 B의 말단을 뇌세포 C의 세포체에 연결한다. 그리고 마지막에 뇌세포 C의 말단을 A의 세포체에 연결하는 것이다. 그러면 이제 신경전달의 순환 고리가 완성되었다. 물론 3개의 뇌세포만으로는 신호를 전달하는 시간이 짧기 때문에 휴지기 동안 정보를 받게 되어 연결고리가 끊어질 것이다. 그런데 우리의 뇌는 약 1,000억 개의 신경세포로 이루어져 있고 100조 개가 넘는 시냅스가 존재한다. 그렇기 때문에 연결고리를 충분히 길게 만들어 충분한 휴지기 후에 다시 신호를 받을 수 있도록 한다면 무한히 반복될 수 있는 되먹임의 고리를 만들 수 있을 것이다.

이러한 순환 고리를 일부 뇌세포들이 형성한 네트워크로 동작하는 프로세스들에 적용해보자. 앞서 뇌는 '분산형 병렬처리 다중프로세스'로 정보를 처리한다고 하였다. 즉 여러 프로세스들이 정보를 처리하고 인접한 다른 프로세스들에 결과를 전파하는 네트워크를 이루고 있다. 이것이 여러 네트워크들이 순차적으로 연결되어 순환 고리를 그리는 되먹임 작용이 나타날 수 있게 하는 기반이 된다. 이제부터 우리의 정신세계를 구성하는 네트워크들 사이에 만들어진 연결로 생기는 순환 고리를 통해 끊임없이 반복적인 경험을 하게 되는 현상을 '마음의 공명 현상'이라고 하자. 이를 부정정서에 적용을 하면 다음과 같다.

어떤 불행한 사건으로 인해 부정적인 정서를 경험했다면 신경세포가 작동하는 방식과 비슷하게 정서 경험과 관련된 뇌세포들은 정보를 처리한 후 휴지기에 들어갈 것이다. 이렇게만 끝이 난다면 식당에 처음 들어갔을 때 맡았던 맛있는 냄새에 둔감화되는 것처럼 우리는 일시적인 정서 경험만을 하고 시간이 지나면 자연스럽게 소거되어야 한다.

그런데 우리는 이런 정서 경험이 사라지지 않고, 오랜 시간 유지되고, 약해지기보다 오히려 강렬해지는 경험을 하기도 한다. 그것은 상황에 대해 정서 경험과 관련된 프로세스가 처리한 결과를 다른 프로세스가 받아 처리하고 다시 전파하는 반복적인 과정을 통해 정서 프로세스의 휴지기를 위한 충분한 시간을 확보함으로써 다시 활성화할 수 있는 물리적 시간을 갖는 것이다. 그 회복의 시간 직후 다시 활성화시켜 반복적으로 정서 경험을 하기 때문에 하나의 정서 경험을 지속할 수 있는 것이다. 이런 반복 경험은 신경세포의 연결을 강화하여, 더 작은 자극에도 활성화될 수 있게 하고, 강렬한 정서 경험으로 증폭시킨다. 이러한 순환 고리를 통한 되먹임 작용은 두 물체가 공명 현상을 통해 작은 힘으로도 단단한 건물을 무너뜨리거나 악기의 울림통을 통해 작은 소리를 증폭시킬 수 있는 것과 같이 마음에서도 만들어질 수 있다는 것이다.

앞서 우리는 상황과 정서, 인지, 행동이 서로 영향을 주고받는 관계라는 것을 알았다. 정서 경험은 인지와 행동에 영향을 미치고 부정적인 생각을 유도할 가능성이 높다. 즉 부정적인 인지왜곡이 생길 가능성을 높인다는 것인데, 예를 들어 극단적으로 부정적인 결과를 예상하는 파국화와 같은 생각들 말이다. 이때 이러한 파국적인 생각들은 또 다른 부정적인 감정을 느끼게 할 것이다. 그러면 다시 그 감정은 부정적인 생각을 부추기고, 결국 위축되거나 불안하게 보일 수 있는 행동을 하게 만들 수도 있다. 그러면 이제 행동이 상황에까지 영향을 미치게 되어 악순환의 고리가 형성된다. 이러한 순환 고리에서 꼭 외부적인 상황이 필수적이지는 않을 것이다. 한번 감정을 촉발시킨 사건이면 충분하다. 왜냐하면 우리의 뇌는 과거의 경험을 회상하거나 상상하면서 현재 실제로 경험하는 것처럼 착각을 불러일으킬 수 있기 때문이다. 이와 같이 상상만으로도 인지와 정서를 불러일으킬 수 있기 때문에 촉발 사건이 없어도 순환 고리를 그려 마음의 공명 현상을 일으킬 수 있다.

결국 이렇게 단일한 정서 경험은 우리 감각 기관의 특성처럼 시간이 지나면 자연스럽게 소거돼야 하지만 생각과 행동 그리고 상황과 상상력이 연결되어 순환 고리를 만드는 '마음의 공명 현상'을 통해 장기간 지속되고 중첩되어 증폭된 정서 경험을 하게 된다는 것이다. 이러한 마음의 공명 현상은 이해하기 어려운 경험을 만들기도 한다. 그것은 부정정서를 없애려는 노력이 역설적이게도 그 부정정서를 지속시키고 강화시킬 수 있다는 것이다.

3. 마음의 공명 현상을 중단하는 방법: 수용

그렇다면 어떻게 해야 마음의 공명 현상으로 만들어진 악순환의 고리를 끊을 수 있을까! 지금까지 살펴본 내용을 돌이켜 보면 중요한 힌트를 얻을 수 있다. 그것은 감각 기관의 활동은 시간이 지나면 사라지고 외부 자극이 계속된다면 순응되어 처음보다 약화된 정보만 전달한다는 것이다. 마음의 작용을 만드는 뇌세포는 감각신경과 같은 신경세포이므로 감정 경험 또한 시간이 지나면 자연스럽게 사라져야 하고, 만약 상황이 변하지 않고 끊임없이 자극을 하더라도 순응되어 약화돼야 한다. 하지만 정서가 유지되고 증폭되는 이유는 마음의 공명 현상이 일어나는 순환 고리를 형성하기 때문이다. 그리고 그 정서 경험이 부정적이고 강렬할수록 이 순환 고리는 더 쉽게 그리고 더 빠르게 완성된다. 왜냐하면 부정적인 사건은 빠르게 학습해서 이후 다시 그 경험을 할 때 잘 대처할 수 있도록 준비하려는 생존 본능이 있기 때문이다. 그러므로 반복적으로 일어나는 정서 경험을 중단하는 방법은 이 순환 고리를 끊는 것이다.

(1) 정서를 없애려는 노력의 아이러니

심리학자인 제임스 그로스(James J. Gross)는 정서를 조절할 수 있는 다섯 가지 단계를 제시했다.[50] 첫 번째 정서 경험을 조절할 수 있는 지점은 상황 선택(Situation selection)으로 이는 정서를 경험하는 외부 환경과 관련이 있다. 예를 들어 SNS를 볼 때 열등감이 자극된다면 핸드폰을 멀리하고 다른 취미활동을 찾거나 마음이 잘 맞는 친구를 만나는 것과 같이 다른 상황을 찾는 방법이다. 두 번째는 상황 수정(Situation modification)으로 환경을 변화시키는 방법이다. 예를 들어 더럽게 어질러진 방 때문에 스트레스를 받는다면 방을 말끔히 청소해서 기분을 좋게 만든다거나, 수업시간에 적극적으로 참여해서 좋은 평가를 받을 수 있도록 상황을 만드는 것과 같은 방법이다. 세 번째 주의 전환(Attention deployment)은 정서를 유발하는 자극에서 주의를 돌려 다른 것에 집중하여 주의를 분산시키는 방법이다. 부모님께 잔소리를 들을 때 친구들과 재미있게 노는 상상을 하는 것과 같은 방법이 있다. 네 번째는 인지 변화(Cognitive change)로, 정서 변화를 위해 상황을 재평가하는 방법으로 인지치료의 부정적인 생각 바꾸기, 비합리적 신념 바꾸기와 비슷하다. 예를 들어 '모든 사람에게 사랑과 인정을 받아야 한다'는 비합리적인 신념을 '모든 사람에게 인정을 받지 못할 수는 있지만 나는 나만의 가치가 있다'와 같은 유연한 생각으로 바꾸는 것이다. 다섯 번째 반응 조절(Response modulation)은 정서를 경험한 후에 행동적, 경험적, 생리적인 요소를 변화시키기 위해 노력하는 것이다. 예를 들어 갑자기 화가 나는 상황에 직면했을 때 심호흡을 크게 하면서 마음속으로 숫자를 세어 화가 진정되길 기다리는 것과 같은 방법이다.

이 다섯 가지 부류에 속하는 방법은 정서를 조절하고 변화시키는 데 어느 정도 효과가 있고 유용하지만 이와 함께 부작용과 한계가 있다. 상황을 선택하거나 수정하는 방법은 유용하고 필요하지만 불가피하게 그 상황을 벗어나지 못하는 경우가 많다. 예를 들어 직장 상사와의 갈등으로 스트레스를 받는 사람들이 많은데 이런 상황을 바꾸거나 이직을 한다는 것은 많은 노력과 희생이 필요한 어려운 일인 경우가 많다. 또한 부정적인 정서에 대해 주의를 전환시키는 방법을 많은 사람들이 활용하지만 상황에 즉각적으로 대응하기 어렵게 만들기도 하고 그 사람과 원활하게 소통하기 어렵다는 인상을 상대방에게 줄 수도 있다. 한 학생이 잘못을 해서 선생님께 혼이 날 때 딴생각을 하고 있다면 비언어적인 행동을 통해 선생님은 직감적으로 주의를 딴 곳으로 돌리고 있다는 것을 알게 될 수도 있다. 그러면 상황이 더 악화될 가능성이 있다. 또한 부정적인 정서를 완화하기 위해 생각 바꾸기와 같은 인지적인 변화를 위한 방법을 상담에서 많이 활용하는데 생각만큼 효과가 나타나지 않을 때가 많다. 우선 상담실에 왔을 때는 부정적인 정서를 느낀 상황은 이미 지나갔기 때문에 생생하게 그 상황에 집중하기 어렵고, 상담이 끝난 후에 정서를 느끼는 상황에 노출되면 부지불식간에 예전에 하던 습관적인 반응이 나오기 쉽기 때문이다. 그래서 생각 바꾸기를 실생활에 적용해 활용하기 위해서는 많은 시간과 노력이 필요하다. 마지막으로 반응 조절하기에 속하는 방법 중에는 정서를 경험하고 있지만 마치 없는 것처럼 만들기 위해 노력하는 억제 방법도 있다. 이 방법을 사용하면 잠시 동안 효과를 볼 수 있지만 실제로 정서가 사라지는 것이 아니기 때문에 나중에 쌓였던 정서가 한꺼번에 분출되거나 신체적인 증상으로 나타나는 부작용이 있을 수 있다. 상황이 다 지나간 후에 갑작스럽게 버럭 화가 나거나 그 당시의 일이 계속 머릿속에 맴도는 것처럼 말이다. 이러한 부작용과 한계가 있지만 어느 정도 일상생활을 할 때 적절한 방법을 사용한다면 효과가 있는 부분도 있다.

그런데 여기에서 중요하게 고려해야 할 부분이 있다. 그것은 생각을 바꾸거나 주의를 전환하거나 억제하는 방법들이 가지는 공통점이 있다는 것이다. 그 공통점은 정서 경험을 만드는 뇌의 프로세스와 별개로 다른 프로세스의 역할이 필요하다는 것이다. 예를 들어 주의를 전환하기 위해서는 다른 관심을 끌만한 일들을 상상해야 하고, 억제하기 위해서는 정서 경험을 잊으려고 하는 억제 프로세스가 필요하다. 그리고 생각을 바꾸기 위해서는 합리적인 생각을 할 수 있는 프로세스를 가동시켜야 한다. 그런데 마음의 공명 현상을 만드는 것은 여러 프로세스들의 연결이라고 했다. 그렇기 때문에 이런 부차적인 프로세스의 활동은 정서 경험을 만드는 프로세스와 새로운 연결을 형성하여 마음의 공명 현상을 일으키는 순환 고리를 만들 수 있는 치명적인 단점이 있다는 것이다. 그래서 정서를 억제하려는 노력이 오히려 정서 경험을 더 자극할 수 있다.

흰곰의 역설

이와 관련해서 재미있는 실험이 있다. 사회심리학자 다니엘 웨그너

(Daniel Wegner)는 피험자를 모아 두고 흰곰 사진을 보여준 후 두 그룹으로 나누었다.[51] 첫 번째 A 그룹에게는 '흰곰을 생각하세요.'라고 요청하고, B 그룹에게는 '흰곰을 생각하지 마세요.'라고 요청했다. 그리고 피험자들 앞에 종을 놓고 흰곰이 떠오를 때마다 종을 치도록 해서 빈도수를 체크했다. 실험 결과 예상과는 달리 흰곰을 마음껏 생각하라고 한 A 그룹보다 생각하지 말라고 한 B 그룹이 빈도수가 더 많은 것으로 나타났다. 이러한 역설적인 결과를 심리학에서는 '흰곰 효과' 또는 '반동 작용'이라고 한다.

반동 작용은 일종의 방어기제로 충동을 억제했을 때 반작용으로 정반대의 행동이나 태도가 나타나 억제된 욕망을 표출하는 행위를 뜻한다. 이것을 어떤 행동을 하고자 하는 충동과 관련된 뇌의 프로세스와 이 충동을 억제하려는 프로세스 간의 상호작용으로 생각해 본다면 이런 역설적인 결과가 나타난 기제를 이해할 수 있다. 마음속에 떠오른 충동을 의도적으로 잊으려고 하거나 생각하지 않으려고 하는 노력은 충동을 일으키는 프로세스와 연결되게 된다. 왜냐하면 우리는 의식적으로 기억하거나 회상하려는 노력을 할 수 있지만 기억을 삭제하는 능력은 없기 때문이다. 곧 잊으려는 노력과 관련된 프로세스는 잊으려고 하는 기억이나 충동의 프로세스에 새로운 연결을 만들어 의도치 않게 더 많은 자극을 하게 될 수도 있다는 것이다.

이와 같이 정서를 소거시키기 위한 노력들은 다른 프로세스를 가동시킴으로써 없애려고 했던 정서에 새로운 연결을 만들어 마음의 공명 현상의 토대를 마련할 수 있다. 이 순환 고리를 통해 애초에 없애려 했던 정서를 강화할 수도 있다는 것이다. 그래서 애써 억제하는 노력들이 오히려 감정을 더 크게 만들어 한 번에 터져 나오게 하는 이유도

여기에 있을 수 있다. 그리고 이와 함께 정서를 정화하기 위해 부가적인 프로세스를 운영해야 하는데, 그것은 많은 심리적 에너지를 소모하게 만든다. 그렇다면 다른 프로세스를 가동하지 않으면서 그 정서를 소거시키거나 정화시키는 방법은 없을까?

있는 그대로 받아들이기: 수용

수용(Acceptance)은 명상(Meditation), 마음챙김(Mindfulness), 수용전념치료(Acceptance and Commitment Therapy; ACT), 변증법적 행동치료(Dialectical behavior therapy; DBT) 등과 같은 여러 심리치료 이론과 방법에서 중요하게 활용되는 개념이다. 아직까지 수용에 대한 명확하게 합의된 정의와 방법들은 없지만 대부분 이론에서 수용을 설명할 때 '있는 그대로 받아들이기'라는 문구를 사용한다. 이처럼 수용은 말 그대로 있는 그대로 받아들이는 것을 가리킨다. 심리치료의 효과를 검증한 많은 연구에서 수용하기는 정서를 완화하고 마음을 치유하는 효과가 나타났다. 그런데 대체 있는 그대로 받아들인다는 것이 어떻게 마음의 치유 효과를 나타내고 정서를 완화한다는 것인가? 수용을 언급한 많은 이론들에서 강조하는 것이 무엇인가 바꾸려고 하지 말고 그냥 있는 그대로 받아들이라는 것이다. 아무것도 바꾸려고 하지 않고 원래 있는 그대로 받아들이는데 무엇이 달라질 수 있느냐는 말이다. 그리고 우리는 평소에 경험들을 있는 그대로 받아들이지 않고 있다는 말인가?

분산형 병렬처리 다중프로세스가 만들어 내는 괴로움

수용이 무엇이며, 어떻게 마음을 치유하는 효과가 나타나는지 이해하기 위해서는 앞서 정리한 '나(I)'에 대한 이해를 가져와야 한다. 다시 정리해보면 '나(I)'는 여러 감각 기관에서 들어온 정보를 분산해서 병렬로 처리하는 다중프로세스들의 총합이라고 했다. 그리고 이러한 다중프로세스들의 존재로 인해 프로세스들 간의 끊임없는 상호작용이 일어날 수 있고, 이는 '마음의 공명' 현상을 일으키는 핵심적인 메커니즘이 된다. 또한 여러 개의 프로세스들은 그 나름대로의 알고리즘과 목표를 가지고 있다. 즉 이 프로세스들이 서로 협력하고 원활히 소통할 수도 있지만 대립하고 갈등을 일으킬 수 있다는 것이다. 그리고 프로세스들 간의 무한히 반복되는 상호작용인 '마음의 공명' 현상으로 인해 효율적인 학습이 일어날 수도 있지만 한편으로 부정적이고 불필요한 정서 경험이 증폭될 수 있는 위험이 있다. 단일한 충격적인 사건은 고통을 안겨줄 수 있지만 괴로움을 느끼게 하지는 않는다. 진짜 괴로움은 끊임없이 이어지는 슬픔과 불안 그리고 사그라들 기미 없이 점점 증폭되어 나타나는 절망과 공포를 통해 경험된다. 즉 괴로움은 그 외적인 고통스러운 자극이 내면의 프로세스들을 분열시키고 그 분열된 프로세스들이 서로 상충되면서 파생되어 내면적 자원을 소모시키고 끊임없이 반복되어 쌓이는 '복사된' 정서들이 핵심이다. 두 개의 거울을 서로 마주 보게 하고 그 사이에 물체를 두면 무한히 그 물체가 거울에 복사되는 것처럼 두 개의 분열된 프로세스는 서로 고통의 메아리가 되어 심리적 고통을 무한히 복제하며 증폭시키고 소거되지 않도록 한다는 것이다.

마음의 공명 현상을 중단시키는 방법: 수용

앞서 살펴본 바와 같이 정서를 조절하는 방법은 다양하다. 하지만 이러한 방법들에는 두 가지 한계가 존재할 수 있다고 제시했다. 첫 번째는 정서 조절을 위해 부가적인 프로세스를 가동시키는 것은 심리적인 자원을 소모하게 만든다는 것이다. 예를 들어 화와 같은 충동을 조절하기 위해 억제를 사용한다면 충동을 억제하는 프로세스를 가동시켜야 하고, 불안을 잠재우기 위해 주의를 전환하려고 한다면 새롭게 관심을 끌 수 있는 주제를 생각하고 그것에 집중하려는 의식적인 프로세스를 활용해야 하는 것처럼 말이다. 두 번째는 정서를 없애기 위해 부가적인 프로세스를 활용한다면 의도하지 않았지만 정서를 생성하는 프로세스와 새로운 연결을 만들어 '마음의 공명' 현상과 같은 되먹임 작용을 만들어 낼 수 있는 위험성이 있다. 그래서 하지 말라고 한 행동에 오히려 더 자극을 받는 청개구리와 같은 흰곰 효과를 만들어 낼 수 있다.

그렇다면 새로운 프로세스를 가동하지 않으면서 정서를 조절하는 방법은 무엇인가? 그것이 바로 수용이다. 수용은 있는 그대로를 받아들이는 과정이라고 설명했다. 그 설명에 덧붙여 분산형 병렬처리 다중 프로세스의 관점으로 수용의 과정을 살펴보면 수용이 효과를 나타내는 기제를 알 수 있다.

정서 경험은 여러 감각 기관을 통해 들어온 다양한 정보들이 여러 프로세스로 분산되어 병렬처리되는 결과물 중의 하나이다. 단일한 정서 경험은 일시적으로 일어났다 사그라들지만 정서가 강렬하고 부정적일수록 주변 프로세스를 활성화해 새로운 연결을 만든다. 이러한 연결고리는 '마음의 공명' 현상을 유도할 수 있다. 그렇게 공명 현상이 일어나 되먹임 작용이 시작되면 정서는 무한히 반복되어 경험되며 증폭되고 그로 인해 우리는 괴로움에 휩싸이게 되는 것이다.

여기에서 무한히 반복되는 되먹임 작용을 중단하는 방법은 핵심적인 정서를 다루는 프로세스가 더 이상 다른 프로세스와 연결되지 않도록 하는 것이다. 다른 프로세스들과의 연결을 차단하는 방법은 역설적이게도 온전히 그 정서 경험에 집중하는 것이다. 하나의 정서 경험에 충분히 머무를 수 있다면 자연스럽게 둔감화되고 소거될 것이기 때문이다. 즉 조절하고자 하는 정서에 온전히 마음을 집중해서 있는 그대로 받아들이는 의식적인 노력을 통해 인접한 네트워크로 확산되는 것을 차단하는 것이 수용인 것이다.

다시 정리하면 수용은 "마음의 공명을 일으키는 핵심적인 정서에 집중함으로써 여러 프로세스들로 전파되는 과정을 중단시키고 둔감화와 소거를 유도하는 의식적인 노력"이다. 만약 이러한 과정이 성공한다면 정서 경험은 다른 감각 기관이나 뇌세포와 같은 신경세포의 특성으로 인해 한 번의 정서 경험을 만들어 낸 뒤에 휴지기에 들어가고 만약 자극이 반복되면 순응이 일어나 약한 정서만 경험하게 될 것이다. 수용을 통해 정서 경험을 일시적으로 만들고 점점 약화시킬 수 있다는 것이다.

이런 수용의 과정은 다른 정서 조절 방법들과 차이점이 있다. 그것은 정서를 억제하려고 하지도 않고, 새롭게 관심을 끌만한 상상을 하지도 않으며, 합리적이고 적응적인 생각을 만드는 노력과 같이 새로운 프로세스를 가동하지 않는다는 것이다. 이는 곧 추가적인 정서적 자원을 사용하지도 않으며 조절하고자 하는 정서를 만드는 프로세스와 새로운 연결을 생성하지도 않으므로 다른 정서 조절 방법들의 한계에서 벗어날 수 있다.

4. 내면 질서를 위한 유용한 도구: 수용

수용은 마음의 공명을 중단시키는 의식적인 노력이라고 정의했다. 수용은 정서를 조절하는 효과적인 방법이기도 하지만 이를 내면세계의 질서를 잡아가는 유용한 도구로도 활용할 수 있다. 그것이 가능한 이유는 정서와 같은 내적인 경험을 수용하고자 할 때 의식적으로 집중하고 있는 프로세스 이외에는 다른 프로세스들의 도움을 받거나 영향을 받지 않고 있는 그대로 그 경험을 받아들이는 과정이기 때문이다. 내적 경험을 수용하고자 할 때 우리가 하고 있는 것은 그 경험을 만들고 있는 프로세스에 온전히 마음을 맡겨, 있는 그대로 받아들일 수 있게 한다. 그리고 수용의 대상이 되지 않았던 다른 프로세스들도 충분히 수용의 대상이 될 수 있기 때문에 소외되는 경험을 만들지 않을 수 있다.

지금까지 논의를 통해 마음은 '나(I)'를 구성하는 다중프로세스들이 서로 상호작용하면서 만들어내는 경험이라고 했다. 그리고 이런 프로세스들 중에는 의식적으로 인식하거나 수정할 수 있는 부분은 극히 일부분에 지나지 않는다. 의식할 수 없는 무의식에 속하는 부분이 훨씬 더 많은데, 이 부분은 의식적으로 수정을 하거나 변경할 수 없고 심지어 접근조차 할 수 없는 경우가 대부분이다. 이러한 무의식적인 마음의 영역은 자율신경계의 반응과 같이 신체 내부의 환경을 유지하는 것과 같은 정교하지만 단순하게 기계적으로 작동하는 영역쯤으로 생각하는 경우도 있지만 그것은 착각이다. 무의식적인 부분 중에는 일차적인 정보를 처리하는 단순한 알고리즘으로 작동되는 부분도 있겠지만, 어떤 부분은 목표를 가지고 마치 의도를 가진 것처럼 작동하는 프로세스도 있고 동기와 창의성의 발원지가 되기도 한다. 분리뇌 실험에서 오른손이 고른 옷을 왼손은 마치 입기 싫은 것처럼 뺏어서 내팽개치는 것처럼 말이다.

수용을 괴로움에서 벗어나는 방법으로 활용할 수 있지만, 한 발 더 나아가 이를 '나(I)'의 전체 프로세스의 상호작용에 적용한다면 내면 질서를 잡아갈 수 있는 유용한 도구가 될 수 있다. 이제부터 우리는 역동적인 내면세계에서 어떤 방식으로 질서를 잡아오고 있었으며 그에 따른 문제들과 이를 개선할 수 있는 방법에 대해 논의하고자 한다.

힘겹게 정복된 내면의 식민지

'나(I)'라는 존재는 생존을 위해 내 안의 다양한 프로세스들의
욕망과 욕구, 바람은 잊어버린 채 나를 불변하고
단일한 그 무엇으로 규정하고 그것을 나의 중심에 넣고
내면의 질서를 잡아나간다.
그리고 때때로 그런 나에 대한 규정에 어긋나는
충동, 바람, 소망, 감정이 나타나면
스스로를 부정하며 이를 잊어버리기 위해 노력한다.
이는 개인적인 노력으로는 오래 유지되기 어려울 것이다.

힘겹게 정복된 내면의 식민지

1. 내면의 질서

앞서 다중프로세스의 역동성으로 인해 무한히 반복되는 되먹임 작용인 마음의 공명(Mind resonance) 현상이 생길 수 있다고 했다. 그리고 이로 인해 불편한 감정이 증폭되어 괴로움을 느끼게 되는 과정에 대해 살펴보면서 이에 벗어날 수 있도록 하는 유용한 도구로서 수용을 제시했다. 이제는 수용이라는 도구를 활용하여 내면세계의 질서를 잡아가는 방법에 대해 탐구하고자 한다. 만약 내면의 역동성을 그대로 방치한다면 정신세계는 혼란 속에 빠져 일관적이지 않고 충동적이라고밖에 할 수 없는 즉각적인 반응들만 반복하게 될 것은 자명해 보인다. 특히 이렇게 혼란스러운 내면세계로는 다른 사람과 안정적인 관계를 맺을 수 없을 것이고 결국 아무리 소규모라 할지라도 어떠한 형태로든 함께 살아가고 협동하는 집단을 만들 수 없을 것이다. 그러므로 내면의 질서를 세우는 일은 그 무엇보다 중요하고 필수적이다. 인류는 어떠한 방식으로 각 개인의 내면의 질서를 잡아 이러한 필요를 채웠기에 농업혁명과 산업혁명을 통해 발전할 수 있었을 것이다.

그런데 여기에서 주목해 보아야 할 부분이 있다. 그것은 내면의 질서를 잡아가기 위해 활용한 방법이 무엇이냐는 것이다. 이에 초점을 맞추는 이유를 이해하기 위해, 개별적인 특성을 가진 수많은 사람들이 모여 살아가는 국가 시스템에 비유해서 생각해보자. 인간의 존엄성을 훼손하고 고통과 재앙 속에 빠뜨리는 사회·경제 시스템을 갖고 있는 국가라 할지라도 어떤 방식으로든 구성원들이 질서를 유지하고 있다. 이와 같이 국민은 우리 정신세계를 구성하는 다중프로세스이고, 국가는 총체적인 '나(I)'라고 했을 때 전체주의적인 국가에서 국민들이 착취당하는 것과 비슷한 방식으로 내면 질서를 세웠다면 '나(I)'의 부분들인 프로세스들이 억압되거나 소외되었을 수 있다. 즉 인류는 헤아릴 수 없을 만큼 거대한 집단을 이뤄 지금과 같은 발전을 이룩할 수 있었다고 할지라도 개인의 내면세계는 질서를 잡기 위해 어떤 희생을 강요당했을 수 있다는 것이다. 권력자들의 부패에 대한 책임은 언제나 국민이 짊어져야 하지 않은가. 그리고 한강의 기적으로 세계가 놀라워하는 경제성장을 보였던 대한민국이지만 OECD 회원국 중 자살률은 가장 높고 행복도는 최하위 수준이라면 국민 개인의 내면에서는 불행한 무슨 일이 일어나고 있다고 봐야 하지 않은가. 그러므로 아무리 한 개인의 마음의 질서를 잡았고 그 결과 외적인 성과를 냈다고 할지라도 어떠한 방법을 사용했는지 그리고 그 방법이 초래하는 부작용은 무엇인지를 이해할 필요가 있다. 결과는 좋았다고 하지만 수단과 방법을 가리지 않고 무자비한 방법을 사용했다면 분명 그에 따른 부작용이 생겼을 것이기 때문이다. 그러므로 그 부작용을 치유하기 위해서는 우선적으로 기존에 사용했던 내면 질서를 세운 방법을 이해할 필요가 있다. 이를 통해 현재 개인의 삶의 질을 증진시키고, 더 나아가 AI와 자동화로 인한 전 방위적인 변화에 성장통을 앓고 있는 21세기 초입에 지금까지 내면의 질서를 잡아오던 방식의 적절성과 부작용을 탐색하여 보완할 수 있는 방안을 고민해 보자. 우리는 어떻게 내면의 질서를 만들고 있는가?

2. 테세우스의 배

테세우스는 아테네의 왕이며 미노타우로스를 해치우고 제물로 바쳐지기 위해 잡혀갔던 아이들을 구한 영웅이다(그리스 신화). 아테네인들은 영웅 테세우스를 기리기 위해 그의 배를 오랜 시간 보존했다. 그 시간 동안 배의 판자는 낡아 삭았고, 그럴 때마다 이를 떼어내고 새로운 판자로 교체했다. 많은 시간이 흘러 수많은 판자의 교체작업으로 인해 테세우스가 타고 다녔던 시기의 배에 쓰였던 판자는 모두 새로운 판자로 바뀌었다. 그렇다면 모든 판자가 새로운 판자로 바뀐 배를 '테세우스의 배'라고 할 수 있을까? 이 난제에 더해 토머스 홉스는 "리바이어던"에서 만약 판자를 교체할 때 버려졌던 낡은 판자를 누군가 정성스럽게 모아 테세우스의 배와 똑같은 모양의 배를 만들었다면 이 배를 진짜 '테세우스의 배'라고 할 수 있을지 물었다. 이렇게 두 개의 배가 있다면 어떤 배를 진짜 '테세우스의 배'라고 할 수 있을까? 어느 쪽으로도 명쾌히 답하기 힘든 난제를 '나'라는 개념에 적용해보자. 이제 우리 몸을 구성하는 모든 세포들의 교체 주기를 고려하면 80일 그러니까 3달이 안 되는 기간이면 모든 세포들이 교체된다는 것을 알고 있다. 그리고 중요한 사건이 아니라면 3달 전 일들을 다시 회상하기란 쉽지 않다. 그렇다면 80일 전의 나와 현재의 나는 같은 존재라고 할 수 있을까?

3. '나'라는 개념에 대한 이해

이처럼 나를 구성하는 모든 것은 끊임없이 변하고 있다. 그래서 나라는 존재는 가변성, 다양성, 연결성을 가진 역동적인 존재라고 하였다. 이렇게만 본다면 인간의 내면세계는 어디에도 중심점이 없는 혼돈으로 가득 찬 것처럼 보인다. 그런데 대부분 우리는 평소 '나'라는 존재에 의구심을 가지지 않고, 너무나 당연하게 나를 받아들이고 삶을 살아낸다. 신기하게도 너무나 당연하게 받아들이는 나이지만 '나'라는 것이 무엇이냐고 진지하게 묻는다면 난처함을 피할 수 없을 것이다. 너무도 당연한 '나'라는 것이 대체 무엇인가?

사회학과 심리학의 영역에서 '나(I)'라는 개념을 살펴보면 매우 추상적이고 광범위하다는 것을 알 수 있다. 이론가들이 '나(I)'를 표현하는 단어를 보면 주로 '자기(Self)', '자아(Ego)', '정체성(Identity)', '주체성(Subjectivity)', '나는(I)·나를(Me)'과 같은 용어들을 사용한다. 그리고 이론가들마다 저마다의 정의로 가정하고 설명한다. 이렇게 광범위하고 다양하게 표현되는 이유는 그만큼 '나'라는 존재에 복합성과 역동성이 있기 때문일 것이다. 그렇다면 '나'에 대한 개념을 이해하기 위해 사회학과 심리학의 영역에서 제안되었던 내용을 간단하게 살펴보고자 한다.

(1) '나'를 구성하는 요소: 사회, 정치, 문화

'나'라는 존재에 대해 떠올릴 때면 우선적으로 내 안에서 무엇인가 찾으려 한다. 나는 무엇을 좋아하고, 하고 싶은지 그리고 어떤 능력이 있는지와 같은 사적이고 내적인 영역에 주의를 기울인다. 사회학에서 자아에 대해 논의할 때는 이런 내적이고 심리적인 부분보다 외적인 사회, 정치, 문화가 어떻게 나를 규정하는지에 초점을 맞추고 있다.

조지 허버트 미드(George Herbert Mead)

사회학자이자 철학자인 조지 허버트 미드는 인간의 자기(self)를 'I(나는)'와 'Me(나를)'로 구분하여 설명했다.[52] 여기에서 'I'는 개인들의 고유한 주체적인 자기의 영역이다. 'Me'는 타인의 기대를 내면화한 객체적 자아의 영역을 의미한다. 인간은 개인적인 욕구와 욕망을 가지고 태어나지만, 생애 초기에 타인들과의 관계 경험을 통해 사회의 규범과 가치를 내면화한다. 이는 감시자의 역할을 하여 개인적인 욕구와 필요를 사회적인 기대에 맞게 조절하도록 한다. 이때 주체적인 'I'의 영역과 객체적인 'Me'의 영역이 서로 실타래가 엉키듯이 뒤엉키면서 자기 감각이 생겨난다고 보았다. 특히 그는 사회적 자기를 강조했다. 'I'는 자발적이고 타인과 구분될 수 있는 창조적인 부분인데 사회화 과정을 통해 지나치게 검열된다면 타인과 구분되는 자기의 고유한 영역이 훼손될 수 있기 때문이다. 또한 'I'의 영역만 강조되면 사회 속에서 타인들과 살아가는 데 많은 어려움이 생겨나게 될 것이다. 그래서 'I'와 'Me'가 서로 균형을 이루는 것이 중요하다고 보았다.

앤서니 기든스(Anthony Giddens)

사회학자인 앤서니 기든스(1938 -)는 자아정체성을 구성할 때 외부와 내면을 예의주시하며 돌아보는 '성찰성'을 강조했다.[53] 이러한 세심한 성찰 과정을 통해 자기를 규정해 나간다고 보았다. 이러한 과정은 한 번으로 끝나는 것이 아니라 사회적인 정보와 내면의 세계를 끊임없이 검토함으로써 지속적으로 개정해 나간다. 미드가 이야기한 것처럼 자기라는 자아정체성은 단순히 외부 세계의 영향을 받고 내면의 충동에 휘둘려서 생겨나는 수동적인 부분만 있는 것이 아니라, 성찰성을 통해 주체적으로 자기를 조직화해나가는 능동적인 측면을 강조한 것이다. 특히 이러한 성찰은 전통적인 문화에서 벗어나려는 시기인 탈전통 시대에 중요함을 강조하고 있다.

그는 "현대는 앞선 시대와 반대로 불안이 특히 강한 시대라는 말이 사실이 아니라고 생각한다."[54]라고 말했다. 어느 시대나 불안과 불안전의 가능성이 존재했기 때문에 지금보다 작고 전통적인 문화라 할지라도 오늘날보다 평탄한 삶을 살았다고 보기 어렵다는 것이다. 하지만 과거와 현재가 다르게 느껴지는 것은 불안과 불안전의 내용과 형태가 확실히 달라졌기 때문이라는 것이다. 그렇기 때문에 현대의 성찰성은 자아의 핵심으로까지 확대된다고 보았다. 즉 전통적 문화에서는 통과의례의 형태로 의례화되어 있었지만, 탈 전통 시기에는 개인의 삶의 전환이 이루어지기 때문에 정신의 재조직화가 요구되어 자아는 성찰적 기획이 된다는 것이다. 성찰적 기획이라는 것은 현대의 환경에서는 개인적 변화와 사회적 변화를 연결시키기 위해 성찰을 통한 자아의 변화가 필요하다는 것이다.

그가 이야기한 것처럼 탈 전통 시대에는 과거의 사회적이고 문화적인 요구가 유물처럼 남겨지고, 변화되거나 새로운 기대가 생기는 시기이다. 이러한 시기일수록 개인은 외부 세계의 변화와 개인 내면의 세계를 면밀히 성찰함으로써 자기의 변화를 추구해야 한다고 본 것이다.

(2) '나'를 구성하는 요소: 정신세계

사회학적인 관점에서는 '나'를 구성할 때 외적인 영역 즉 사회, 문화, 정치적인 부분들의 영향에 주목하고 있다. 그렇다면 지극히 사적인 영역인 개인 내부의 정신세계에서는 '나'라는 개념이 어떻게 형성된다고 보았을까?

지그문트 프로이트(Sigmund Freud)의 정신분석

프로이트(1856~1939)는 인간의 정신이 원초적인 욕구인 이드(id)와 도덕적이고 양심적인 감독자의 역할을 하는 초자아(superego) 그리고 현실 원칙에 따라 중재자의 역할을 하는 자아(ego)로 구성되어 있다고 보았다. 자아는 본능적인 이드의 욕구를 현실에서 수용 가능하도록 조율하는 역할을 수행한다. 도덕적이고 사회적으로 금기시되는 욕망을 느낄 때 자아는 심리적인 방어기제를 통해 스스로 받아들일 수 없는 욕구를 심연의 무의식의 세계로 몰아낸다. 여기에서 한 사람이 의식적으로 알 수 없는 정신의 영역을 무의식으로 개념화해서 스스로 인식하고 깨어있는 부분인 의식의 영역과 구분 지었다.

그는 정신 과정이 근본적으로 무의식적이고 의식이라는 것은 정신 생활에서 분리된 한 활동이며 작은 일부분이라고 설명했다. 즉 한 인간의 정신세계는 스스로 알지 못하고 의식할 수 없는 무의식의 영역이 상당 부분 차지하고 있다는 것이다. 또한 현실원칙에 따라 기능하는 자아도 완전히 의식적인 영역에 속한다고 보지 않았다. 자아는 원초적인 욕구를 검열하고 통제하는 역할을 수행한다고 했다. 그런데 만일 검열 과정을 스스로 인식하고 있어서 어떤 내용이 걸러지고, 억압되는지 스스로 알게 된다면 무의식으로 격리하는 방어기제의 행위가 효과를 발휘하지 못할 것이다. 즉 검열의 과정은 무의식의 영역에 남아 있는 것이다.

그는 인간의 정신을 의식적인 영역과 현실적으로 받아들일 수 없는 욕구에 대한 억압과 망각으로 생긴 무의식의 영역이 철저히 단절되어 있는 세계로 그려 놓았다. 즉 스스로 인식하고 나라고 생각하는 부분인 의식이 마음의 일부분에 지나지 않고, 또한 마음의 중심적인 역할을 수행하기보다 원초적인 욕구들 중 무의식적인 검열 과정에서 무사히 통과되어 스스로 받아들일 수 있는 부분만을 인식할 수 있다고 보았다.

멜라니 클라인(Melanie Klein)의 대상관계

프로이트는 인간의 원초적인 욕구들과 무의식의 근원에는 성적 쾌락이 존재한다고 보았다. 생후 어머니 품에 안겨 젖가슴을 빠는 것은 영양분을 얻기 위한 것이 주된 목적이 아니라 젖 빨기라는 행동을 통해 구강기의 쾌감을 얻기 위한 것이라고 설명했다. 이러한 쾌감의 영역은 발달 시기에 따라 다른 부위들로 옮겨가고 이 부위들의 쾌감을 위한 행동들이 심리적인 발달의 동기가 되고 적절히 충족되었을 때 심리성적인 발달을 하게 된다고 하였다. 즉 쾌감을 얻으려는 원초적이고 본능적인 충동을 성적인 추동으로 개념화하고 이를 인간의 주요한 발달요인이라고 주장하였다. 이러한 성적인 것을 강조하는 내용은 수많은 사람들의 비난을 받았고 이론의 한계점으로 지적됐다.

정신분석에 영향을 받은 학자들은 성적인 부분을 수정하여 인간 발달의 동기에 대한 다른 이론들을 제시했다. 멜라니 클라인(1882~1960)은 성적인 욕구와 충동을 부정하지 않았지만 그보다 외부의 존재를 내면화한 대상과의 관계를 더 중요하게 강조하였다. 즉 생후 어머니와의 관계는 미분화 상태에서 공생적 관계를 형성하고, 이후 어머니와의 관계를 이자관계로 인식하며 서서히 분화되어가면서 자기를 발달시킨다고 보았던 것이다. 전통적인 정신분석에서는 성적이고 공격적인 원초적 충동의 발현을 주요한 개인 발달의 동기로 보았던 반면에 대상관계 이론가들은 아이의 중요한 대상 즉 주 양육자와의 관계에서 내적 환상인 대상을 만들고, 그 대상과 분화되어 가면서 자기가 형성된다고 보았다.[55]

4. 내면 질서를 찾아가는 방법

지금까지 살펴본 이론가들의 아이디어를 간단히 정리해보면 다음과 같다. '나'를 구성하는 요소들은 정치, 사회, 문화와 같은 외적인 것과 능동적으로 내면과 외면을 성찰하는 노력 그리고 원초적인 욕구와 욕망을 현실에서 수용 가능하도록 검열하는 기능과 중요한 타인이 내면화된 대상과의 관계들을 제시하고 있다. 이뿐만 아니라 수많은 문헌들 속에는 '나(I)'라는 개념에 대해 다양한 방식들로 묘사하고 있다는 것을 발견할 수 있다. 이를 단순화해서 살펴보면 한 인간이 내면의 질서를 세우기 위해 아주 사적이고 주체적인 부분인 자아와 생애 초기의 중요한 타인이 내면화된 대상과 같은 내면적인 부분들과 함께 정치, 사회, 문화와 같은 외적인 요소들이 영향력을 발휘하고 있다는 것을 알 수 있다. 즉 내적이고 외적인 모든 요소들이 끊임없이 한 인간의 '나(I)'를 규정해서 내면의 질서를 세우고 유지하는 데 노력을 기울이고 있다는 것이다. 잠시 생각해 보아도 우리는 태어나면서부터 누군가로부터 이름이 지어지고, 주변 사람들의 기대를 받으며 이와 함께 아주 사적인 내면의 욕구와 소망을 이루기 위해 '나(I)'를 규정한다. 이런 상황에 내던져진 '나(I)'는 내적인 욕구와 소망이 외부의 상황과 사람들의 기대가 서로 모순적이고 배타적이라는 것을 경험한다. 내면의 욕구와 충동을 충족하면서도 외부의 기대와 바람을 채울 수 있는 방법을 찾는 과정은 너무나도 험난하고 오랜 시간과 노력이 필요하지만 누구나가 해결해야 하는 부분이다.

이렇게 내부와 외부의 불일치만 존재하는 것은 아니다. 한 개인의 내면에도 수없이 많은 모순과 불일치가 존재한다. 사랑하는 가족이나 친구의 기대에 어긋나는 행동으로 인해 느끼는 분노는 사랑하는 감정과 뒤섞여 애증과 같은 양가적인 감정을 경험하기도 한다. 또한 모험적인 도전에 대해 설렘을 느끼지만 그로 인해 생길 위험성과 뒤따라올 책임에 대한 압박감으로 어떤 것도 선택하지 못하는 상황에 놓이기도 한다. 이런 내적 갈등은 대부분 외부 현실의 상황에 압도되곤 한다. 어린 자식에게는 부모로서 그리고 나이 든 부모에게는 자녀로서, 직장의 상사에게는 직원으로서 개인적인 상황은 고려되지 않은 채 끊임없이 요구받는다. 또한 개인의 자유가 소중하지만 안전을 위해서는 이러한 자유의 일부분을 포기해야 한다. 그리고 누구나 개인적인 욕망과 희망을 가지고 있지만 사회적 책임을 져야 하기 때문에 자기 이익과 공동체 이익 사이에서 선택을 강요받기도 한다. 이렇게 내부와 외부의 불일치뿐만 아니라 내면적인 갈등과 외부의 모순들 속에 내던져진 '나(I)'라는 존재는 생존을 위해 내 안의 다양한 프로세스들의 욕망과 욕구, 바람은 잊어버린 채 나를 불변하고 단일한 그 무엇으로 규정하고 그것을 나의 중심에 넣고 내면의 질서를 잡아나간다. 그리고 때때로 그런 나에 대한 규정에 어긋나는 충동, 바람, 소망, 감정이 나타나면 스스로를 부정하며 이를 잊어버리기 위해 노력한다. 이는 개인적인 노력으로는 오래 유지되기 어려울 것이다. 그래서 나를 둘러싼 주변 환경은 끊임없이 '나(I)'를 규정된 존재로 인식시키며 타인들과 비교하여 당신의 역할을 상기시킨다. 이런 지속적인 영향력은 당신에게 주어진 책임을 수행하도록 요구한다. 이러한 내부와 외부의 노력을 통해 '나(I)'를 사회적 관계망인 가족, 학교, 직장의 틀 속에 넣어 규정하고 그 외의 것들은 차단한 채 살아간다. 즉 내 안에 있는 다양한 프로세스들은 나의 중심을 차지한 규정된 '나'에게 무릎을 꿇고 이 모습을 일관되게 유지하고 영속하기 위한 도구로 전락하게 된다.

(1) 전체주의적 내면 질서

이렇게 '나(I)'는 내부와 외부에서 규정한 일관된 역할을 수행하기 위해 내 안의 다양성은 억압된 존재일 수 있다. 이러한 모습은 전체주의적인 공동체의 모습과 유사하다. 한 공동체 혹은 국가를 개인보다 우위에 두고 구성원들을 전체의 존립과 발전을 위한 수단으로 여기는 전체주의적 사상 말이다. 이렇게 전체주의적으로 내면 질서를 세운 사람들 중에는 돈과 같은 물질적 풍요로 소유욕을 채우기 위해 자신과 주변 사람들을 희생시키는 사람도 있다. 또한 이성과 합리성을 중심으로 이해되지 않는 모든 것들을 평가절하하며 무시하고 배척하는 사람도 있다. 때론 타인의 인정과 사랑에 목매달아 자신의 정체감과 주관을 저버린 채 살아가기도 한다. 또 자신의 외모나 능력과 같은 부분에 너무 빠져들어 타인 위에 존재하는 특별한 사람으로 믿는 극단적인 자기중심성을 갖기도 한다. 이런 행동특성을 지닌 사람들과 대화를 나누다 보면 극단적이기는 하지만 그 사람들이 추구하는 것이 중요하다고 인정할 수밖에 없다. 돈은 자본주의 사회를 살아가는 데 필요하며, 이를 통해 물질적으로 풍요로운 생활을 할 수 있다. 그리고 이성과 합리성은 체계적으로 세상을 이해하고 발전시켜 나가는 데 중요한 기준이 된다. 또한 사람들로부터 인정을 받고 좋은 관계를 유지하는 것은 공동체 속에서 살아가는 한 인간으로서 중요한 능력이다. 이와 함께 자신에 대한 확신과 자신감을 갖는 것은 나를 보호하고 표현하는 데 필요하다. 하지만 이렇게 중요한 것들 중 일부가 일방적이고 배타적으로 변할 때 문제가 된다는 것이다. 물질적인 풍요를 위해 관계를 저버리기도 하고, 인정을 받기 위해 합리적이고 이성적인 생각은 무시하기도 한다. 자기 자신을 지나치게 이상화하며, 타인을 도구로 이용할 수도 있다. 스스로 정한 가치관이든 타인으로부터 떠맡겨진 역할이든 상관없이 다양한 내면세계의 프로세스들 중에 하나에 매몰되어 다른 프로세스들은 무시되거나 도구화된다면 전체주의적으로 내면 질서를 잡았다고 밖에 볼 수 없다.

이렇게 전체주의적으로 내면 질서를 세운 사람의 내면세계는 조지 오웰(George Orwell)의 "1984" 속의 한 대목을 연상시킨다.[56]

소설 속의 당원들은 태어나서 죽을 때까지 사상경찰(Though police)의 감시 아래 산다. 혼자서 쉬거나 잠을 잘 때조차 감시당하며, 동료뿐만 아니라 친구와 가족들에게도 얼굴 표정, 몸의 움직임까지 관찰당한다. 당원들에게는 언제 어디서나, 누구에게나, 어떤 식으로든 선택의 자유가 없는 것이다. 이와 비슷한 상황이 내면세계에서도 일어나 합리성 혹은 도덕성이라는 미명 아래 '나(I)'의 부분들이 일거수일투족 감시되고 검열되는 것이다.

분명한 것은 소유에 대한 욕구, 합리성, 관계성, 자기중심성과 같은 부분들은 내 안의 다양한 프로세스들 중의 하나이고 그 무엇도 더 중요하다고 할 수 없는 모두 인간의 생존과 안녕을 위해 필요한 부분이라는 것이다. 그래서 사람들마다 크기의 차이는 있겠지만 이러한 부분들은 모두의 내면세계에 존재할 것이다. 그런데 여기에서 중요한 것은 이런 내 안의 다양한 프로세스들 중 하나가 중심에 위치해 다른 영역들을 억압하고 도구화하는 전체주의적인 질서를 잡아 나머지 부분들을 소외시켰을 때 문제가 생긴다는 것이다. 예를 들어 우리는 타인과 좋은 관계를 맺기 위해 공감할 수 있는 능력을 타고난다. 그런데 자기중심적인 사람들은 이러한 공감 능력을 통해 타인을 이해하고 배려하는 것이 아니고 다른 사람의 필요를 역으로 이용해 타인을 도구화하기도 한다. 여기에서 자기중심성은 자기 자신의 안위와 안전 그리고 이익을 고려하는 프로세스이고, 공감은 타인의 마음을 헤아리고 그 사람의 입장에서 바라볼 수 있도록 하여 진솔한 관계를 맺을 수 있게 하는 프로세스이기 때문에 두 프로세스는 누구에게나 유용하고 필요한 것이다. 그런데 다수의 프로세스들 중의 하나가 자신의 알고리즘 구현을 위해 다른 프로세스를 억압하고 도구화할 때, 내적 소외, 고립, 피상적·

착취적 관계 등 문제가 발생할 수 있다. 그렇다면 전체주의적 방식과 다르게 내면 질서를 세우는 방법은 무엇인가?

(2) 시대에 따라 변화하는 내면 질서의 패러다임: 통합 VS 화합

수용에 대한 이해를 통해 근본적으로 마음의 괴로움에서 벗어날 수 있는 유용한 도구를 얻게 되었다. 이제 수용을 즉시적인 고통에서 벗어나는 유용한 방법으로 사용하는 것을 넘어 전체주의적 방식의 대안으로 내면의 질서를 찾아가는 데 활용해 보자.

그런데 아무리 전체주의적인 방식으로 질서를 잡아 내면세계의 일부분이 희생되었다고 해도 그만큼 성과를 내온 방식을 변화시켜야 할 필요가 있을까? 분명 한 개인의 내면의 질서를 잡아갈 때에는 문화적이고 사회적인 환경적 배경을 고려해야 할 것이다.

과거 조선 시대와 같이 유교 문화를 중심으로 보수적이고 도덕적인 사회에서 살아가야 했다면 규범과 문화 양식에 맞춰 내면세계에 질서를 확립해야 했을 것이다. 또한 산업혁명 초기 하루에 14~15시간씩 컨베이어 벨트를 통해 전달되는 부속품을 가능한 빠른 속도로 정확하게 조립해야 하는 공장의 노동자였다면 기능적인 행동을 수행할 수 있도록 내적 세계는 최대한 단순하게 정리되어 근면 성실한 삶의 방식을 만들어야 했을 것이다. 이후 과학기술의 발달로 전문화된 지식이 주목받는 시대에는 내적 세계는 합리성과 이성이 중심이 되어 질서를 잡아가야 할 필요성이 있었을 것이다. 이처럼 시대적 흐름의 변화에 따라 그 속에서 생존해야 하는 개인의 내적 세계는 환경적 맥락에 맞춰 기능할 수 있도록 질서를 세울 필요성이 있었을 것이고 이런 노력이 성공적이었다면 그에 맞춰 사회에 잘 적응하며 살았을 것이다. 하지만 이로 인해 내적 세계는 때로 도덕적인 규범 아래 대부분의 개인적 욕구가 억압되어야 했을 수도 있고, 규칙과 합리성이 요구되는 시대에는 정서적인 표현과 경험이 소외되었을 수도 있다. 그렇다면 21세기 초입인 오늘은 어떤 내적 세계의 질서가 필요한지에 대해 고민을 해보아야 할 것이다.

현재는 개인뿐만 아니라 대부분의 사물들이 언제 어디서나 인터넷에 연결될 수 있는 초연결성과 자동화와 인공지능의 발전으로 인해 대부분의 인간의 일자리가 사라질 것이라는 암울한 전망이 예상되는 변화의 시기이다. 4차 산업혁명으로 표현되는 변화의 시기에 한 개인이 적응하기 위해서는 무엇보다 변화를 받아들이는 개방성과 유연성 그리고 새로운 생각과 행동을 위한 창의성이 요구된다. 그렇다면 이런 환경에 맞춰 개인의 내면세계에 질서를 잡아가는 것은 기존에 했던 방식과는 달라져야 할 것이다. 기존 사회시스템에 적응하기 위해서는 규범, 근면성, 합리성 등 하나의 프로세스에 집중해야 할 필요가 있었기 때문에 전체주의적인 방식으로 정신세계에 질서를 부여해야만 했을 수 있다. 하지만 이제는 무엇보다 개방성과 유연성 그리고 창의성이 요구되는 시대이기 때문에 하나의 프로세스로 질서를 잡는 것은 변화에 적응하기 어렵게 만들 수 있다. 그러므로 개인이 더욱 창의적으로 변화에 적응하기 위해서는 내면에 존재하는 각양각색의 프로세스들이 조화롭게 소통할 수 있도록 질서를 세우는 새로운 패러다임이 필요한 시점으로 보인다.

기존에는 하나의 역할을 안정적이고 일관되게 수행하기 위해 내면의 통합을 강조해왔다면 이제는 다양한 역할과 풍요로운 '나(I)'를 만들기 위해 내면의 화합을 추구해야 한다는 것이다. 내면 질서의 통합은 자아, 합리성, 이성과 같은 하나의 프로세스를 중심으로 체계화되고 정돈된 내면 상태를 지향하는 것이라면, 화합의 관점은 마음의 여러 프로세스들 중의 어떤 한 요소가 중심이 되지 않고 모두가 수용되어 서로 상호 연결되는 것을 지향하는 것이다.

5장

수용을 통한 내면 화합의 방법

내면세계의 질서를 세울 때 통합을 강조하면
의도치 않게 전체주의적인 방식이 될 수 있다.
그러므로 내 안의 여러 프로세스들이 서로 화합을 이룰 수 있도록
내면 질서를 세울 필요가 있다.

수용을 통한 내면 화합의 방법

내면세계의 질서를 세울 때 통합을 강조하면 의도치 않게 전체주의적인 방식이 될 수 있다. 그러므로 내 안의 여러 프로세스들이 서로 조화를 이룰 수 있도록 내면 질서를 세울 필요가 있는 것이다. 이를 위해 선행적으로 필요한 것은 내 안에 존재하는 다양한 프로세스를 이해하고 있는 그대로 받아들이는 수용의 자세를 갖는 것이다. 그렇다면 내적인 경험을 만들어내는 프로세스를 수용한다는 것은 무엇일까?

1. 정서 경험과 수용의 차이

수용에 대해 이해하기 위해 우선 수용이 정서 경험에 어떻게 활용되는지부터 알아보자. 평소에 우리는 정서가 일어나면 별다른 의도 없이 그냥 그 정서를 경험한다. 그렇다면 평소에 정서를 경험하는 것과 있는 그대로 받아들이는 수용은 어떤 차이가 있는가?

(1) 정서 경험하기

평상시에 어떤 사건으로 정서를 경험하면 자연스럽게 여러 생각들이 떠오르고 행동하고자 하는 충동이 일어난다. 이는 외부 자극이 생리적 각성과 정서를 활성화시키고 생각이나 행동과 관련된 다른 프로세스로 전파되는 과정의 영향으로 볼 수 있다. 이러한 과정을 그대로 방치하면 상황에 따라 수동적으로 반응하게 된다. 예를 들어 운전을 하는데 옆에 있던 차가 깜빡이도 켜지 않고 갑자기 차선을 변경해 끼어들어 놀라는 상황을 상상해 보자. 이때 부지불식간에 이 상황을 내가 무시당한 것으로 평가하면 화가 나고 심하면 복수하고 싶은 충동이 든다. 그리고 이 충동을 그대로 따라가면 경적을 울리며 욕을 하는 행동을 하게 되는 것이다. 이처럼 경험한다는 것은 정서에 따라 습관적으로 생겨나는 생각과 충동을 어떤 조치 없이 따라가는 수동적인 자세라고 할 수 있다. 이와는 다르게 정서 경험에 수동적으로 따라가지 않고 의도적으로 여러 정서 조절 방법을 활용해 볼 수도 있다. 하지만 앞서 논의한 바와 같이 억제, 억압, 주의 전환, 생각 바꾸기는 다른 프로세스를 활성화시키므로 부가적인 심리적인 에너지가 들고 여러 부가적인 연결을 생성하여 마음의 공명 현상을 유발할 수 있는 한계를 가지고 있다.

(2) 정서 수용하기

정서 수용하기는 내가 경험하고 있는 정서에 의도적으로 집중하는 것으로 이미 불러일으켜진 정서만 충분히 경험해 소화시키는 것이 목표다. 즉 정서를 피하지도 않고 눌러 없애려고 하지도 않고 다른 프로세스에 영향을 미치지 않으면서 주어진 만큼만 온전히 경험하는 것이다. 이미 나무에 불이 붙었을 때 눈을 다른 곳으로 돌린다고 해도 불은 꺼지지 않는 것처럼 이미 촉발된 정서를 억압, 억제하거나 혹은 주의를 돌린다고 해도 그 정서는 사라지지는 않는다.

심리학의 유명한 칵테일파티 효과(Cocktail party effect)는 무수히 많은 정보들이 있을 때 인간은 그중 중요한 정보에만 주의를 기울이는 선택 주의(Selective attention)를 한다는 것을 가리킨다. 시끄러운 파티 중에 나와 대화를 나누는 사람의 이야기에 집중하다가도 어디선가 나의 이름이 불리면 그곳에 주의를 뺏기게 된다는 것인데, 이해하기 어려운 부분이 있다. 분명 나의 이름이 호명되기 전에는 나와 대화를 나누는 사람의 말소리에 주의를 기울이고 있었을 것이다. 그런데 주의를 기울이지 않은 곳에서 내 이름이 나왔는지 나오지 않았는지 어떻게 알 수 있을까. 그것은 주의를 기울이지 않은 정보도 뇌로 전달되어 주의를 기울일 만큼 중요한지 여부를 끊임없이 처리하는 무의식의 프로세스가 작동하고 있기 때문에 가능한 것이다. 이 프로세스에는 의식이 닿지 않기 때문에 인식하지 못하지만 나의 이름이 거론되면 그 프로세스는 나의 주의를 전환시켜 이름을 거론한 대상을 바라보게 할 수 있다.

이 무의식적 프로세스는 인공지능 스피커가 작동하는 방식과 비슷하다. 인공지능 스피커는 미리 예약된 호출명이 나올 때까지 아무런 반응을 하지 않는다. 그런데 호출명이 나오면 바로 응답을 한다. 그래서 호출명이 나오기 전에는 인공지능 스피커가 꺼져있다고 생각하기 쉽지만 실제로는 아무런 반응을 하지 않는 것뿐이지 계속 사람의 말소리를 분석하면서 그 말이 호출명인지 아닌지를 구분하고 있다. 즉 아무 반응이 없다고 해도 우리 이야기를 듣고 있지 않은 것은 아니라는 것이다. 이를 정서 경험에 적용하는 것도 마찬가지다. 한번 불러일으켜진 정서를 무시하고 주의를 다른 곳에 돌려 의식하지 않으려고 해도 이 정서는 내 안에 그대로 남아 있다는 것이다. 그러니까 아무리 눈을 감아 앞에 있는 것을 보지 않으려고 해도 한번 뇌로 유입된 정보는 계속 처리가 되며, 인간에게는 이런 처리과정을 중단할 수 있는 의식적인 권한을 가지고 있지 않다. 그래서 감정을 과도하게 억압하거나 억제할 때 여러 가지 부작용이 나타나는 것이다. 그러므로 정서 수용의 목표는 이미 불러일으켜진 정서에 집중하여 부차적인 프로세스들 간의 연결을 만들지 않으면서 자연스럽게 소거되어 평정심의 상태로 되돌아오게 하는 것이다.

2. 수용을 통한 내면 화합의 5단계

(1) 1단계: 다중프로세스 이해하기

수용을 통한 내면 화합을 위한 첫 번째 단계는 내 안에 여러 프로세스들이 존재할 수 있다는 것을 받아들이고 이해하는 과정이다. 앞서 살펴본 내용처럼 마음은 여러 프로세스들이 자신만의 고유한 알고리즘에 따라 정보를 처리하고 끊임없이 소통하며 서로 영향을 주고받는 역동적인 세계다. 몇몇 프로세스들은 고유한 알고리즘에 따라 자기들만의 이상과 바람을 가지고 있기도 하다. 이것이 의미하는 바는 만약 각 프로세스들이 추구하는 바가 서로 배치되지 않고 잘 어울릴 수 있다면 원활히 정보를 주고받으며 협응할 수 있을 것이다. 하지만 추구하는 바가 다른 프로세스가 존재한다면 어느 순간 대립되고, 심지어 모순된 것을 추구할 수 있고, 이로 인해 내부에서 충돌하고 갈등을 일으킬 수도 있다. 우선적으로 해야 할 것은 내 안에는 여러 프로세스가 존재하며, 각기 고유한 알고리즘으로 작동하고 있다는 것을 아는 것이다. 하지만 이런 상태를 알고 이해하는 것과 실제로 경험하는 것은 다르다. 실제로 이 상태를 경험하는 것은 다른 문제들로 인해 자아 기능이 약화되어 생기는 심리적 분열 상태일 수 있고 정신적으로 혼란감을 경험하는 것일 수도 있다. 그러므로 이 단계에서 해야 할 것은 나의 마음 상태를 관찰하고 가능성을 열어둘 수 있는 지식적인 앎이다.

(2) 2단계: 갈등을 일으키고 있는 마음에 귀 기울이기

두 번째 단계는 내가 경험하는 불편함과 관련된 마음의 프로세스들에 귀를 기울이는 수용의 단계이다. 예를 들어 미루는 습관이 있던 한 사람의 심리에 대해 살펴보자. 그 사람은 청소년기 시절에 학업성취가 좋았다. 그런데 대학에 와서부터 미루기 습관이 생겼고 나중에 취업을 한 후에도 이런 습관이 계속 이어졌다. 대부분 마감 기한까지 미루다 마지막에 몰아서 급하게 처리해 실수가 잦았고 성과도 좋지 못했다. 결정적으로 업무를 마무리하고 결과를 정리해서 제출만 하면 되었지만 계속 미루다 결국 마감 기한을 놓치는 일이 있었고, 이로 인해 승진 심사에 떨어져 문제의 심각성을 느껴 상담실을 찾았다. 이 사람이 업무를 미루는 이유는 하고 싶은 일이 많아서라고 했지만 정작 해야 할 업무를 미루고 하고 싶은 일을 할 때 마음 한편에 불편함을 느끼고 잘 집중하지 못해 금방 흥미를 잃어버렸다. 그리고 멍하니 있다 다시 업무를 해보려고 하다가도 이내 다른 곳으로 주의가 분산되었다. 이 사람의 마음속에는 무슨 일이 일어나고 있는 것일까?

그와 대화를 통해 높은 성취에 대한 욕구, 완전히 일을 끝마치고 성과도 좋아야 한다는 완벽주의적인 성향과 함께 주변의 기대에 미치지 못할 것이라는 불안과 두려움 그리고 자신이 속한 조직에 대한 불만이 있다는 것을 알 수 있었다. 이는 학창시절에 학업적인 성취를 중요시하는 집안 분위기로 성적에 대한 압박감을 많이 받아왔던 경험과 깊은 관련이 있었다. 학업에 대한 스트레스가 심했지만 다행히 성취가 좋았기에 스스로도 그에 대한 자부심을 가지고 있었다. 그런 그가 무슨 이유로 손해가 큰 미루기 습관을 가지게 된 것인지 과거를 탐색했다. 그는 대학에 입학한 후에 미루는 습관이 생겼을 때를 떠올렸다. 대학에 입학한 기쁨은 잠시였고, 얼마 지나지 않아 수많은 과제와 시험에 대한 압박감이 시작되었다. 이와 함께 취업을 위해 해야 할 것들이 정말 많았다고 회상했다. 이때 고등학교 때까지는 대학진학이 목표였다면 대학에 와서는 취업을 준비해야 하는 압박감을 느꼈다고 했다. 이런 압박감에 짓눌려 깊은 회의감에 빠져있다가도 끊임없이 요구하고 억압하는 존재가 느껴져 분노감을 느꼈다고 했다. 그때부터 그의 미루는 습관이 시작되었다.

그의 내면에는 다양한 목소리가 복잡하게 얽혀있었다. 우선 과거 주 양육자의 바람이 내재화되어 나타나는 높은 성취에 대한 욕망과 관련된 프로세스가 작동하고 있었다. 그리고 한편으로는 주 양육자와 교사들 그리고 이제는 직장 상사에게 자신의 실력을 보여줬을 때 그들이 자신에게 실망할지도 모른다는 두려움을 느꼈는데 이는 중요한 대상에게 인정받고 싶다는 깊은 내면의 소망과 관련되어 있었다. 이와 함께 대부분 권위자들인 그의 주요한 대상들이 자신에게 끊임없이 요구하는 압박감에 대한 저항으로 분노를 느끼고 있었다. 이러한 내부의 프로세스들이 서로 얽히고설켜 대학 때 과제를 하거나 직장에서 업무를 할 때 부담감과 두려움, 불안 그리고 끓어오르는 분노감과 같은 복합적인 감정을 느꼈던 것이다. 이런 뒤엉켜 있는 감정의 실타래를 오래 품고 있을 수 없었기에 업무에 집중하지 못하고 계속 주의를 분산시킬만한 흥미 거리를 찾아 헤맸던 것이다. 이런 내면의 갈등이 겉으로 드러나 보이는 것이 미루기 습관이었다. 이 습관은 피해를 주는 안좋은 것이었지만 한편으로는 나를 보호하기 위한 절실한 노력이기도 했다.

이렇게 현재 경험하는 정서를 있는 그대로 받아들이고 과거 자신의 모습을 들여다보면 내 안에 요동치고 있는 역동적인 프로세스들의 목소리를 들을 수 있다. 이때 주요하게 떠오르는 내적인 경험에 순차적으로 하나하나 집중해보는 것이 도움이 된다. 너무 조급하거나 무엇인가 발견하고자 하는 마음은 오히려 내적인 경험을 충분히 탐색하는 데 방해가 될 수 있기 때문에 마음에 떠오르는 것을 자연스럽게 따라가면서 바라보는 것이 도움이 된다.

(3) 3단계: 프로세스들을 수용하기

세 번째 단계는 프로세스들이 만들어 내는 경험을 있는 그대로 받아들이는 수용의 과정이다. 앞서 이야기한 미루기 습관이 있는 사람의 내면에서 갈등을 일으키고 있는 프로세스 하나하나에 주의를 집중해보자. 우선 높은 성취동기를 품고 있는 마음이 있다. 이 마음은 주 양육자의 기대와 바람을 내재화한 부분이기도 하지만 이와 함께 성장하고 발전하고자 하는 소망이 담긴 프로세스라고 할 수 있다. 이 자체로만 본다면 우리에게 꼭 필요한 성장의 동기가 되는 중요한 심리적 에너지이다. 이 마음에 주의를 기울이면 지금보다 더 발전된 모습을 통해 성장하고 싶다는 강한 열망을 느낄 수 있다. 이 프로세스를 수용을 통해 인정하고 받아들이고 나니 그는 새로운 동기와 내면적인 힘을 느낄 수 있었다.

그다음은 높은 성취 욕구에 이어서 나타나는 두려움을 느끼게 하는 프로세스이다. 이 프로세스는 그에게 중요했던 부모님과 담임선생님, 교수님과 현재는 직장 상사에 대한 이미지가 응축된 권위자이며 평가자인 대상의 목소리로 만들어졌다. 이 마음속에 자리 잡은 권위적인 대상은 항상 결과 중심적으로 평가하고 끊임없이 노력할 것을 강요하며 감시하는 역할을 수행하고 있었다. 이 마음이 그를 압박하고 있었지만 한편으로는 과업을 중심으로 계속 노력할 수 있도록 자기 자신을 객관화하는 역할을 하고 있다. 이 프로세스의 역할을 이해하고 수용을 하니 현재 생활하고 있는 자신의 모습을 객관적으로 바라보게 되고 자신의 성취와 노력에 대해 겸손한 태도를 보이게 만들었다.

마지막은 자유롭고 안정되고 싶다는 소망이 담긴 프로세스였다. 이 동기는 누구에게나 중요하고 특히나 심한 압박감 속에서 지내야 했던 그에게는 절실한 바람이었다. 이 간절한 소망이 높은 성취에 대한 동기와 권위적인 대상들의 검열로 좌절되어 왔기에 내면에서는 불같은 분노와 화를 품고 있었던 것이다. 우선 마음속에 가득 담겨있던 분노와 화에 주의를 기울였을 때 내가 무엇을 원하고 있었는지 그 목소리를 들을 수 있었다. 불같이 타오르는 분노의 깊은 내면에는 '이제 그만 쉬었으면 좋겠다'는 모진 평가들에 상처받고 지칠 대로 지친 목소리가 있었다. 이 프로세스는 자유롭고 안정되고 싶은 소망으로 지금까지 받아온 상처를 치유하고 다시 이 상처를 반복해서 경험하지 않으려는 자기 보호의 동기였다. 이 프로세스를 수용함으로써 화가 정화되고 안도감과 비슷한 편안함을 느꼈다. 여기서 가장 중요한 것은 이 모든 프로세스들은 그 나름의 역사와 기능이 있고 어떠한 방식으로든 내 안의 일부분으로서 역할을 수행하고 있다는 깨달음이다. 그래서 이 단계에서는 프로세스를 평가해서는 안 되고 오로지 그 프로세스의 본 모습과 마주하고 있는 그대로 충분히 경험하는 수용을 목표로 해야 한다. 이 과정에서 그동안 억눌려 왔던 감정이 너무 커 다른 프로세스들의 목소리에 귀를 기울이기 힘들어하는 경우가 생길 수 있다. 이때는 우선 감정이 정화될 수 있도록 그 감정에 초점을 맞춰 수용하는 것이 도움이 된다. 이 과정을 통해 내 안에 있는 여러 프로세스들이 모두 억압받거나 소외되지 않고 그 모습 그대로 인정받는 타당화의 경험을 할 수 있게 된다.

(4) 4단계: 프로세스들의 화합

네 번째 단계는 수용을 통해 이해하고 받아들인 다양한 프로세스들이 서로 조화를 이룰 수 있도록 하는 화합의 단계이다. 이때 어떤 마음은 충분히 다루어지지 않아 이 과정을 진행하기 어려울 수도 있다. 미루기 습관이 있던 사람도 오랜 시간 동안 억눌려왔던 자유롭게 쉬고 싶었던 마음의 목소리가 너무 컸기에 다른 프로세스들에 주의를 기울이기 어려워했다. 이런 경우 우선 두드러진 마음을 수용함으로써 감정을 소화하는 시간이 필요하다.

이제 기존에 갈등을 일으켰던 마음들 사이에 양립할 수 없는 부분을 중심으로 조화의 과정을 밟아 간다. 미루기 습관이 있던 사람의 마음속에서는 성취에 대한 기대와 자신을 보호하고 자율적으로 행동하고자 하는 마음 사이에 일어나는 대립이 컸다. 내담자는 편안하게 쉴 수 있는 시간을 간절히 원했기에 우선 퇴근 후와 주말 동안 시간을 어떻게 보내는지 탐색했다. 그는 직장을 다니면서도 퇴근 후에 자기 계발을 위해 학원에 다니고 주말에는 운동과 아르바이트를 병행하고 있었다. 자신만의 공간에서 온전히 시간을 보내는 기회가 없었던 것이다. 그것은 끊임없이 성장해야 한다는 자기 기대와 권위적인 대상들의 평가의 결과였다. 휴일에 조금 쉬려고 해도 금세 그의 마음 한편에는 알 수 없는 불편함과 불안이 느껴졌다.

우선 그가 일과를 마친 후에 충분히 휴식하고 자신만의 시간을 가질 수 있도록 마음속의 감시자들과 협의를 진행했다. 그 내용은 '퇴근을 한 후에는 아무것도 하지 않고 충분히 휴식을 취할 수 있도록 하루의 일정 시간을 비워 놓아야 한다'는 것으로 성취 욕구를 가진 마음을 설득시키는 것이었다. 이런 휴식을 통해 마음의 에너지를 보충해야 더욱 일에 집중할 수 있다는 것을 이해하자 감시자와 같은 역할을 하는 프로세스도 필요한 시간이라는 것을 납득했는지 저항 없이 받아들였다. 이와 함께 업무 시간에는 해야 할 일들에 대해 스케줄을 정리하고 마감 기한을 지키는 것과 같은 다양한 업무 관리 스킬을 활용하도록 했다. 이때 높은 성취에 대한 기대로 인해 너무 이상적인 목표를 설정하는 것이 문제가 되었다. 그래서 단계적으로 목표에 다가설 수 있도록 과정을 세분화하고 단기적인 목표를 설정하였고, 목표 달성을 확인할 수 있는 지표를 설정했다. 그리고 아무리 집중되지 않아도 정해진 시간 동안에는 그 자리를 지키고 다른 것에 주의를 돌리지 않겠다는 의지도 필요했다.

이와 같이 내면의 목소리를 모두 이해하고 그 나름대로의 역사와 이유가 있다는 것을 받아들여 최대한 타협점을 찾는 노력이 필요한 것이다. 이런 타협점은 현재 처한 상황과 개인적인 선호가 다르기 때문에 비슷한 문제를 경험하고 있어도 사람마다 그 합의점이 다양할 것이다. 이 과정에는 정답이 존재하는 것이 아니다. 같은 사람이라도 환경이 변하거나 다양한 계기로 마음의 프로세스가 달라졌을 때 또 다른 방식으로 조화를 이루게 될 수도 있다. 여기에서 무엇보다 중요한 것은 내 안의 어떤 목소리도 무시하거나 억압하지 않고 나의 중요한 부분으로 인정하고 조화를 이루겠다는 마음의 자세다.

(5) 5단계: 화합을 통해 변화를 이끌어 내기

다섯 번째 단계는 수용을 통한 내면 화합을 이룬 후 이를 통해 변화된 행동으로 이행하는 과정이다. 많은 상담 이론에서 자기에 대한 이해와 통찰을 강조한다. 물론 내적 세계를 이해하는 것이 무엇보다 중요하다. 특히 대화로 이루어지는 상담에서 내면의 세계와 관계적인 부분에 대해 언어적으로 이해해가는 과정은 상담 시간의 대부분을 차지한다. 상담을 통해서는 심리적인 이해와 통찰 그리고 정서적인 정화가 주요한 주제가 되지만 문제가 반복되지 않고 스스로 문제를 해결하는 능력을 갖추기 위해서는 현실에서 다르게 행동하는 시도가 필수적이다.

과거 주 양육자와의 불안정한 애착으로 인해 안정적인 관계를 맺지 못하고 있었다는 통찰 이후에는 실제로 새로운 관계를 만들어 보는 경험이 필요하다. 앞서 미루기 습관이 있었던 사람은 프로세스들의 조화를 통해 충분히 휴식할 수 있는 시간 정해두기, 목표를 단계적으로 세분화하고 확인 가능한 지표를 통해 검증하기라는 전략을 세울 수 있었다.

이제 이러한 전략을 실행하면서 새로운 경험을 쌓아가야 한다. 이러한 과정은 생각보다 쉽지 않다. 갑작스럽게 목표를 수행하는 데 걸림돌이 되는 사건이 일어나기도 하고 예전 습관이 살아나 동기를 잃기도 한다. 그래도 다행스러운 것은 자기 이해와 수용을 통해 조화를 이루었던 경험이 있다면 이를 다시 회상하고 동기를 발견하는 데 큰 노력이나 시간이 필요하지 않다는 것이다. 이 과정에서 가장 중요한 것은 새로운 전략을 통해 충분한 보상을 받아 그 행동을 지속할 수 있도록 동기를 유지하는 것이다. 물론 새로운 시도이기 때문에 처음에는 보상을 기대하기 힘들고 생소함에서 느끼는 거부감과 막연한 두려움이 들기도 한다. 이를 지속시키기 위해서 본인의 의지와 주변의 지지가 필요하다. 이 과정을 반복하며 적응하는 시기를 지나 이제 그 전략으로 세운 행동 자체에서 만족감을 느끼는 내적 보상과 연결되면 변화가 새로운 습관으로 자리 잡게 된다.

3. 수용과 화합에서 고려할 사항

마음의 목소리에 귀를 기울이고 프로세스들의 화합을 이끌어가는 과정은 사람의 성향과 환경 그리고 추구하는 가치에 따라 다양하다. 그러므로 내부에 존재하는 프로세스들이 갈등을 일으키지 않고 조화를 이루어 화합하는 길을 가는 데 고려해 보아야 하는 것들이 있다.

(1) 수용할 것과 수정해야 할 것

수용은 있는 그대로 받아들이는 의식적인 노력이다. 그런데 어떤 것들은 있는 그대로 받아들이는 것보다는 해결할 수 있는 방법을 찾아

고치는 노력이 필요한 부분도 있다. 그래서 불편함이 드는 문제가 있다면 우선적으로는 그 부분을 바꾸려고 시도해 보는 것이 좋다. 가능하면 고치고 바꾸고 수정하라. 그런데 수정할 수 없거나 바꾸는 것이 오히려 손해가 될 때는 적극적으로 수용하라는 것이다. 예를 들어 어떤 친구로부터 지속적으로 상처를 받는다면 새로운 친밀한 관계를 만들어 보는 것도 방법이다. 그런데 만약 새로운 관계 속에서도 이전과 비슷한 방식으로 갈등이 계속된다면 그 이유를 이해해 보고 수용하고 화합할 수 있는 방법을 찾는 게 도움이 된다.

하지만 관계 문제에서는 바꾸기보다 수용하는 것이 더 현명한 경우도 있다. 특히 원가족과의 관계 속에서 경험하는 갈등이 그렇다. 상담에서 부모님에 대한 원망과 실망감을 호소하는 사람들이 많다. 초반에는 원가족과의 관계가 중요한 문제가 아니었더라도 현재의 어려움을 탐색하다보면 오랜 시간 지속된 가족관계의 문제와 만나게 되는 경우가 많다. 그리고 그 상황을 들어보면 충분히 그 마음에 공감이 되고 억울한 심정이 이해가 된다. 분명 부모의 잘못된 행동이 문제의 원인으로 작용한 경우도 많다. 그래서 바뀌어야 할 것은 부모의 행동이겠지만 대부분 지나온 과거의 상처이고 자식으로서 부모를 변화시키는 것은 너무 많은 시간과 노력이 들기 때문에 기대하거나 시도하지 않는 것이 좋다. 그래서 부모는 그대로 둔 채 수용을 통해 상처받은 마음을 돌보고 최대한 자신을 보호하면서 나의 생활에 집중해서 경제적이고 관계적인 노력에 집중하는 것이 장기적으로 도움이 된다.

대학생이라면 학업과 취업을 위한 준비에 노력을 기울이고, 직장인이라면 자신의 업무와 경력 관리에 집중해서 우선 경제적인 안정을 갖추는 것이다. 그리고 나를 지지하고 이해하는 사람들과 돈독한 관계를 맺고 유지하기 위해 노력하는 것이다. 이를 통해 경제적이고 심리적인 자원을 충분히 확보하여 경제적으로 자립할 수 있고 서로 신뢰할 만한 사람들과 함께하고 있다면 그때 원가족과의 갈등을 다른 시각으로 바라보고 문제를 풀 수 있는 힘이 생길 수 있다. 만약 가정 폭력 피해자라면 지금 즉시 사회적 보호와 지원을 받을 수 있는 기관의 도움을 받아야 할 것이다. 이처럼 관계마다 수용이 필요한 부분도 있고 가능하면 수정하고 바꾸려는 노력이 필요한 경우도 있다.

(2) 힘듦과 괴로움의 차이

힘듦과 괴로움은 모두 불편하고 피하고 싶은 감정이지만 분명한 차이가 있다. 어떤 고시생이 세 번의 실패 후에 마지막이라는 굳은 결심을 하고 시험을 준비하며 하루에 10시간 넘게 좁은 공간에서 책과 씨름하고 있었다. 그 사람이 보내야 하는 하루하루는 정말로 누구나 힘들고 지치게 만들 것이다. 특히 그 사람은 공부를 하다 중간에 자기도 모르게 막연한 불안감에 휩싸이곤 했다. '이번 시험에 또 떨어지면 어떡하지, 그만두고 다른 직장을 알아봐야 하나, 내가 무엇을 위해 이런 고생을 하고 있는 거지.'라는 생각과 함께 불안하고 답답한 감정이 끊임없이 소용돌이치는 것이다. 그러면 공부에 집중하지 못하고 그 좁은 고시원을 박차고 뛰쳐나가고 싶은 강한 충동이 들었다. 이런 상황에서 하루의 대부분의 시간을 공부에 집중하는 것은 몸과 마음을 지치게 만들 것이다.

여기에서 중요한 것은 실체가 있는 고통과 마음에서 만들어진 괴로움은 구분해야 한다는 것이다. 무거운 짐을 옮기는 것과 같이 육체적인 노동을 할 때 느껴지는 몸의 피로는 실체가 있는 힘들고 고통스러운 부분이다. 그런데 불안에 휩싸이고 고시원을 빠져나가고 싶은 강한 충동은 고통과는 다른 괴로움이다. 이 괴로움은 외부적인 상황에 의해 시작되었지만 마음의 공명 현상과 같이 끊임없이 되먹임되는 생각과 감정, 충동의 프로세스들이 서로 끊임없이 정보를 재생하며 반복되는 경험이다. 즉 힘든 것은 분명히 외적인 실체가 있지만 괴로움은 대부분 마음에서 만들어낸다는 것이다. 그러므로 힘든 것은 외부적인 실체가 있기 때문에 이 실체가 사라지면 끝이 나지만 괴로움은 실체가 사라져도 끊임없이 이어질 수 있다. 수용의 대상이 되는 것은 실체가 있는 힘든 경험이다. 괴로움을 수용의 대상으로 삼으면 즉각적인 효과가 있을 수는 있지만 끊임없이 반복되는 특성으로 인해 괴로움은 다시 재생산될 것이다. 그 이유는 여러 프로세스들이 서로 상호작용한 결과 반복적으로 재생산되는 마음의 공명 현상의 결과물이기 때문이다. 그러므로 괴로움은 이 괴로움을 만들고 있는 여러 프로세스들의 소망과 힘든 경험을 각각 수용해야 중단시킬 수 있다.

(3) 문제와 목표 구분하기

상담을 진행할 때 가장 우선적으로 하는 것은 문제가 무엇인지 정의하고 그에 대한 목표를 설정하는 것이다. 그런데 많은 경우 문제와 목표를 잡는 것을 힘들어하고 때로는 문제와 목표를 헷갈려 하는 경우가 있다. 많은 사람들이 우울이나 불안과 같이 불편한 정서 경험 때문에 상담실을 찾는다. 그래서 불편한 정서를 느끼는 것이 문제이고 이를 해결해야 할 것처럼 느낀다. 그런데 대부분 우리가 느끼는 정서는 우리가 처한 상황이나 마음이 만들어 내는 내적 경험에 대한 자연스러운 반응이다. 정서 경험은 그런 감정을 느낄 만한 충분한 이유가 있다는 것이다. 그래서 문제를 정의할 때는 "이런 이런 상황에서 불편한 감정을 느껴요. 그래서 이렇게 해보려고 했는데 생각만큼 결과가 좋지 않았어요. 제가 원하는 건 이런 이런 건데, 기대와 다른 결과가 나와요."와 같이 상황과 지금까지의 시도들 그리고 앞으로 하고 싶은 바람이 구체적으로 들어가야 한다. 그리고 이런 문제와 바람을 통해 목표를 설정하고, 정서 경험은 그 목표를 달성했는지를 평가하는 하나의 도구가 될 수 있다.

(4) 소프트웨어 VS 하드웨어의 문제

상담실에는 우울과 불안과 같은 정서적인 괴로움을 호소하며 찾아오는 경우가 많다. 대부분의 경우 이런 정서를 경험하는 상황이 있고 만약 그 상황이 내담자의 바람처럼 변할 수 있다면 문제가 해결될 수 있다. 그런데 이유를 분명히 알 수 없고 오랜 기간 동안 불편한 감정을 경험하거나 주체할 수 없는 기분에 휩싸이는 경우도 있다. 이런 경우 정서에 영향을 미치는 몸의 생리적인 문제가 원인일 수 있다. 갑상선 기능에 문제가 있어 갑상선 호르몬이 부족하면 항상 무기력하고 피로감을 느낄 수도 있고, 반대로 갑상선 호르몬이 과다하면 신경과민과 불안감 그리고 초조함을 느낄 수 있다. 뇌하수체의 이상이나 뇌의 기능에 장애가 생기면 여러 심리적인 정서적 문제가 동반될 수 있다. 이럴 경우 언어적이고 심리적인 접근만 한다면 문제를 해결할 수 없을 뿐만 아니라 문제의 원인을 방치하여 증세가 더 심각해질 수도 있다. 그래서 심리적인 문제를 경험할 때 신체적인 문제가 있는지 고려해 보아야 한다.

(5) 상상이 끊이지 않을 때

수용하기를 할 때 정서 경험에 집중하다 보면 자기도 모르게 여러 가지 상상을 하게 될 때가 많다. 이것은 정서 경험에 대한 자연스러운 반응이지만, 이를 그대로 방치하면 마음의 공명 현상으로 인해 정서가 증폭되고 장기간 지속될 수 있다. 그 심상적 상상이 다시 정서를 촉발하게 되고, 처음 정서와 합쳐져 증폭되어 더 강렬해진 마음은 더 극단적인 생각과 상상을 하게 만들 수 있다는 것이다. 이를 예방하기 위해서는 수용의 과정에서 이와 관련된 생각이나 심상이 떠오를 때 이를 인식하고 다시 감정으로 돌아오려는 의식적인 노력을 해야 한다. 이때 주의해야 하는 것은 상상을 하고 있는 자신을 평가하거나 비판하지 말아야 한다는 것이다. '왜 난 집중하지 못하는 거지?'라며 자신을 비난하거나 평가하는 생각은 오히려 불필요한 생각과 상상을 촉발하게 하는 경우가 많다. 집중이 잘되지 않아도 그리고 다른 생각이 부지불식간에 떠오르더라도 자연스러운 반응으로 생각하고 그저 다시 정서로 돌아오려는 마음을 먹으면 된다.

4. 수용을 통한 내면 화합의 사례

(1) 유명 방송인이 경험하는 공황장애

때로 유명한 방송인이 갑작스럽게 무대 공포증을 치료받고 있다는 뉴스를 접하기도 한다. 그런데 가만히 생각해보면 그 방송인이 오랜 시간 동안 수많은 사람 앞에서 활발히 활동했던 경력을 보면 그동안 문제가 되지 않았던 불안으로 방송생활에 지장을 받는다는 것이 선뜻 이해하기 힘들기도 하다. 하지만 사람들 앞에서 주목을 받는 것은 부담되고 불안을 느끼게 하는 상황이다. 아무리 외향적이고 사람들 앞에 나서길 좋아하는 성격이라도 대중들 앞에 자신을 드러내는 것은 충분히 불안을 느끼게 할 만한 상황이라는 것이다. 그 방송인도 겉으로 드러나지 않았지만 무의식에서는 상당한 심적 압박감을 경험했을 수 있다. 그런데 과거에 이 압박감이 문제가 되지 않을 수 있었던 것은 의식 혹은 무의식적인 자기만의 방식으로 불안을 처리해왔기 때문이다. 하지만 그 불안을 처리하는 것은 상당한 심리적 에너지를 필요로 한다. 그래서 평소에는 불안을 잘 다루어왔을 수도 있지만 다른 문제들이 복합적으로 일어나거나 건강이 안 좋아졌을 때 심리적 에너지가 부족해진다면 이전까지 잘 조절해왔던 불안을 처리하는 데 문제가 생길 수 있다.

이처럼 불안과 두려움을 느끼는 것은 선천적으로 타고난 자연스러운 반응이기에 그 자체에 문제가 있는 것이 아니다. 상담소에도 사람들 앞에서 중요한 발표를 할 때 너무 긴장하고 극도의 불안을 느껴 찾아오는 내담자들이 많다. 그 내담자들과 대화를 나누어 보면 대부분 불안을 없애는 것을 목표로 삼고 싶어 한다. 그런데 사람들 앞에서 주목받고 더욱이 평가를 받거나 투자를 받기 위해 심사를 받는 중요한 자리라면 불안을 느끼는 것은 자연스러운 반응이다. 그래서 그 불안을 완전히 억제하거나 없애려고 하는 것이 문제를 해결하기보다 오히려 더 그 상황을 두렵게 만들고 심하게는 공황증상까지 만들어 낼 수 있다. 때로 불안을 느낄 때 주의를 전환하거나 억제하는 노력들이 성공할 때도 있지만 안 좋은 일이 일어나거나 건강이 좋지 않아 심리적 에너지가 충분하지 않을 때 다시 재발하는 경우도 많다. 그래서 사람들 앞에 서야 하는 상황을 피할 수 없는 사람이 배워야 하는 것은 그 불안을 온전히 경험해도 압도되지 않고 '시간이 지나면 자연스럽게 흘러가는 감정'이라는 것을 경험하는 것이다. 여기에서 수용의 대상이 되는 것은 사람들 앞에 섰을 때 느껴지는 불안이다. 그리고 한 발 더 나아가 그 불안을 경험하게 하는 나의 프로세스에 대한 충분한 이해가 필요하다.

불안이 느껴지는 마음을 들여다보면 그 안에는 분명 중요한 메시지를 담고 있다는 것을 알 수 있다. 그것은 인간은 다른 사람들과 유대감을 느끼고 소속감을 갖기 원하는 사회적인 존재이기 때문에 나를 드러낸다는 것은 상당한 위험을 감수해야 하는 일이라는 것이다. 만약 나를 잘못 드러냈을 때 주변 사람들로부터 오해를 받을 수도 있고, 심하면 낙인이 찍혀 무리에서 배척될 수 있는 위험성이 있기에 내 안에서는 나에게 조심하라는 경고의 목소리를 불안이라는 감정을 통해 전달하는 것이다. 그렇기 때문에 불안은 그냥 눌러버리거나 주의를 기울이지 않고 무시해 버리면 안 되는 내 안에서 보내는 경고의 메시지라는 이해가 필요하다. 하지만 이렇게 불안의 목소리에 주의를 기울여서 조심스럽게만 행동한다면 자신의 매력을 드러내야 하는 방송인으로서의 역할을 하기는 어려울 것이다.

이때 불안을 만드는 프로세스와 다른 방식으로 작동하는, 자유분방하고 소탈하게 자신의 매력을 드러내고 싶은, 다소 자기애에 가까운 소망을 가진 프로세스에도 주목하는 것이다. 이 두 프로세스는 어찌 보면 함께하기 어려운 조합처럼 보인다. 한쪽은 자신을 드러내지 말라는 목소리이고 다른 한쪽은 나를 드러내려고 하는 바람이기 때문이다. 우선 내 안에 두 가지 모두가 존재한다는 것을 받아들이는 자세가 필요하다. 그리고 한쪽에 치우쳐 다른 쪽의 목소리를 무시하지 않아야 한다. 그리고 두 가지 바람들을 충분히 고려한 합의점을 이끌어내야 할 것이다. 그래서 불안을 통해 나에게 경고를 보내는 프로세스는 이러한 불안에 직면할 수 있는 용기를 가지며, 나의 매력을 드러내고자 하는 프로세스는 불안이라는 경고의 메시지를 되새겨 신중하게 행동하는 것을 배우는 것이 필요하다. 즉 양립하기 어려운 마음들을 수용을 통해 받아들이고 현명하게 조화를 이룰 수 있는 방법을 찾는 것이 지속가능하고 건강한 상태를 유지할 수 있는 길이다.

(2) 화가 나는 상황에서의 수용을 통한 내면 화합

한 어린 소녀가 스님에게 "화가 났을 때 어떻게 해요?"라고 질문을 했다. 그 스님은 화가 난 감정을 연꽃을 피우는 진흙에 비유해서 설명했다. "진흙은 손에 묻으면 더러워지고, 맑은 물을 흐리게 할 수 있지만 연못에 진흙이 있어야 연꽃이 필 수 있어요. 화도 진흙과 같이 그 쓰임에 따라 누구를 해칠 수도 있지만 또 나를 살릴 수 있는 중요한 것이에요. 나를 불친절하게 대하는 사람 때문에 화가 났다고 생각해 보세요. 마음이 요동칠 때 우선 내가 화가 났음을 인식하고, 숨을 깊이 들이마신 후에 화를 내게 만든 사람을 연민과 사랑으로 바라보세요. 그러면 그 사람의 불친절한 행동이 그 사람이 느끼고 있는 불행에서 나온 것이라는 것을 알 수 있어요."라고 설명했다. 이 이야기처럼 화라는 감정을 있는 그대로 들여다보면 나를 위험으로부터 보호하고자 하는 심리적 에너지라는 것을 알 수 있다. 그런데 이런 화를 그대로 행동으로 옮겨 상대방에게 표현한다면 진흙이 주변을 더럽히는 것처럼 관계에 상처를 만들게 될 것이다. 왜냐하면 상대방의 불친절한 행동은 나 때문이 아니라 그 사람의 불행감으로부터 나온 것일 수 있기 때문이다. 그는 단지 자신의 불행과 어려움을 토로하고 있는 것이지 나를 무시하는 것이 아니라는 것이다.

우리는 주변에서 불친절하고 무신경한 태도를 보일 때 서운함을 느끼거나 때로 화를 느끼기도 한다. 이런 태도를 보이는 사람에게 느끼는 서운함이나 화를 행동으로 옮겨 표현하게 된다면 상대방은 그 나름대로 불행함 속에 있기 때문에 문제가 해소되기보다는 관계가 깨어지게 될 가능성이 크다. 그래서 이 화를 처리할 수 있는 방법을 찾는 것이 필요하다. 사람들은 주로 화를 느꼈을 때 감정을 애써 누르거나 주의를 돌려 없애려고 한다. 하지만 이런 노력들은 화가 쌓이게 만들어 심신을 지치게 하거나 나중에 폭발해서 더 큰 갈등을 만들어 낼 수 있는 위험을 가지고 있다.

화를 다루는 다른 방법을 찾기 위해 우선 화라는 감정에 대해 깊이 이해할 필요가 있다. 우선 화를 느꼈을 때 행동으로 화를 표현하고 싶은 강한 충동이 드는 것은 자연스러운 반응이다. 만약 이러한 충동을 그대로 따라가게 되면 돌이킬 수 없는 관계의 갈등으로 번져 더 큰 화로 돌아올 수 있다. 그렇기 때문에 화를 느낄 때 행동으로 옮기지 않도록 노력하는 것이 필요하다. 이를 달성하는 방법으로 마음속으로 숫자를 세거나 딴 생각으로 주의를 돌리는 것이 도움이 될 수 있지만 이런 노력들은 나의 마음속을 뜨겁게 달구는 화라는 감정의 목소리에 귀기울일 수 있는 기회를 놓치게 만든다. 그래서 화가 난 장소에서 벗어나 조용한 장소로 이동해서 내 마음속의 화라는 감정을 충분히 경험하는 기회를 갖는다. 그러면 내 안에 얼마나 거대하고 뜨거운 에너지가 생겨날 수 있는지 알게 될 것이다. 정말로 이 에너지는 아름다운 연꽃을 피울 수 있을 만큼 커다란 잠재력을 가진 내면의 힘이다. 우리는 이 내적인 힘을 이용해서 열정적으로 일을 하고 사랑을 나눈다. 그리고 그 에너지는 누군가로부터 존중과 인정, 배려를 받고 싶은 소망과 연결되어 있다. 이러한 기대가 불친절하게 행동하는 사람으로부터 거절당했기에 좌절감과 위협감을 느껴 자신을 보호하는 강렬한 외침을 화라는 감정을 통해 표출한 것이다. 화라는 감정을 충분히 마주하게 되면 내면의 존중과 인정, 배려받고 싶은 기대와 만날 수 있게 된다. 이러한 기대는 누구에게나 존재하는 자연스럽고 소중한 마음이다. 만약 이러한 마음을 그냥 억눌러 버린다면 그 사람은 내면에 있는 힘을 사용하지 못할 뿐만 아니라 그 힘을 억누르느라 심리적 에너지를 너무 많이 소진하여 기운 없이 생활하게 될 수도 있다. 그래서 화라는 감정에 충분히 귀를 기울여 내면에 잠자고 있는 소망을 발견하고 수용했을 때 불친절하게 행동했던 사람의 마음까지도 이해할 수 있는 발판을 마련할 수 있다. 그 사람도 자신의 소망이 좌절되어 불행감을 느끼고 마음의 벽을 세워 날카롭게 행동하고 있다는 것을 말이다.

이제 인정과 존중을 받고 싶은 소망과 화를 통해 표현된 자기 자신을 보호하고자 하는 소망이 조화를 이루어야 한다. 수용을 통해 화라는 감정이 충분히 경험되어 자연적으로 소거될 수 있도록 하는 한편 나를 화나게 만든 상대방은 자신의 괴로움으로 인해 나의 기대에 응답할 수 있는 상황이 아닐 수도 있다는 이해를 바탕으로 충분히 여유를 가지려는 노력이 필요하다.

(3) 부모에 대한 원망이 끊이지 않아요

한 학생이 상담실에 다급하게 찾아와 긴급하게 도움을 요청했다. 상담을 진행하기에 앞서 실시해야 하는 과정이 있었지만 이를 건너뛰고 바로 위기 상담이 진행되었다. 내담자가 살고 있는 곳에 어머니가 계속 찾아와서 피해 다니는데, 이제는 학교까지 찾아와서 만나게 해달라고 항의하는 바람에 상담실로 피해왔다는 것이었다. 내담자는 초등학교 때 부모님이 이혼하시고 줄곧 어머니와 함께 살았다. 어머니는 내담자가 원치 않는데도 가방을 열어 보거나 일기장을 읽는 등 지속적으로 경계를 침범했고 통제적이었으며 피해의식이 커서 내담자에게 아버지에 대한 험담과 주변 사람들에 대한 불만을 이야기했다. 이런 어머니의 억압 속에서 살아오던 내담자는 친구의 도움으로 대학 때 출가를 했다. 그 후로도 어머니는 내담자가 원치 않아도 살고 있는 곳을 갑자기 찾아왔고 만나지 못하면 학교 행정실에 찾아가 만나게 해달라는 민원을 넣었다. 상담이 진행된 후 학교와 관계 기관의 도움으로 어머니의 행동을 중재할 수 있었다. 이러한 이야기를 충분히 듣고 난 후 내담자의 현재 문제에 초점을 맞춰 상담을 진행할 수 있었다.

내담자는 성취도 좋았고 취업을 위해 여러 가지 활동을 활발하게 하고 있었다. 그런데 너무 지나치게 열심히 한 나머지 지쳐 쓰러져 병원에 입원하는 등 건강을 잃어가고 있었다. 내담자는 자기 자신을 엄격하게 억압하고, 극단적으로 몰아붙이는 습관이 있었다. 높은 기준을 가지고 있어 작은 성취에는 만족하지 못하였고 조그마한 실수와 부족함에도 자신을 심하게 질책했다. 대부분의 과목에서 A+를 받았어도 한 과목이라도 A를 받으면 심하게 자책했다. 그리고 공부와 취업 준비 그리고 아르바이트를 병행하면서 지쳐 쓰러져 병원에 실려 가기 전까지 일주일에 단 하루도 쉬지 않았다. 이런 모습은 흡사 내담자가 그렇게 피하고 싶었던 어머니가 자신을 대했던 방식과 유사했다.

내담자는 오랜 시간 어머니와 생활하면서 그 어머니의 기대와 행동을 내재화해서 자기 자신을 가혹하게 대했던 것이다. 그러면서 마음 한편에서는 억울함과 분노, 그리고 깊은 우울감을 품고 있어 평소에도 기분이 심하게 요동쳤다. 이 마음은 하루도 쉬지 못하고 해보고 싶은 여행이나 여가생활은 꿈도 꾸지 못한 채 일과 공부에만 매달려야 하는 상황에 대한 불만이었다. 공부와 취업을 준비하기에도 시간이 부족했지만 이와 함께 생활비를 벌어야 하는 압박감에 시달렸는데 풍족한 용돈을 받으면서 여유 있게 대학생활을 하고 있는 친구들을 보면서 느끼는 상대적인 박탈감도 컸다. 물론 생활비를 벌기 위해 아르바이트를 해야 했지만 아버지가 보내준다고 약속한 용돈을 받으면 어느 정도 쉴 수 있는 시간을 낼 수 있는 상황이었다. 그런데도 내담자는 하루도 쉬지 않고 취업 준비를 해야 한다면서 새로운 일정을 잡았다.

상담에서 이런 억압과 압박감에 시달리는 마음에 초점을 맞추려고 하면 금세 어머니가 자신을 대했던 것처럼 자기 자신에게 차갑게 반응했다. "그렇게 해서는 달라지지 않아요. 밤에 잘 때 쉴 수 있잖아요."라고 끊임없이 자기 자신을 억압하는 메시지를 보냈다. 이렇게 내담자를 위로하려는 상담자와 자기 자신을 압박하고 억압하려는 내담자의 목소리가 부딪히곤 했다. 한번은 지쳐서 쉬는 자신의 모습을 보며 실망하고 게으른 사람이라고 비난하는 내담자에게 상담자가 "그래요. 하면 할 수 있잖아요. 그런데 하지 않으려고 해서 문제지요. 한번 할 때 A를 받는 것보다는 A+를 받는 게 좋잖아요."라고 내담자가 자기 자신을 대하는 방식과 동일하게 상담자가 반응했다. 그러자 내담자는 크게 웃기 시작했다. 웃음의 이유는 억압적이고 통제적인 어머니를 내면화한 부분과 억압되고 핍박받는 것에 저항하는 부분들이 상담자의 말을 통해 선명하게 드러나자 내면에서의 갈등이 이해가 되면서 고조된 긴장감이 해소되었기 때문이었다. 이런 대화를 반복하여 내담자는 자신을 통제하고 억압하는 목소리와 해방되고 자유롭고 싶어 하는 소망의 목소리 모두에 귀를 기울일 수 있게 되었다. 그래서 지나치게 자신을 통제하는 목소리가 높아질 때 그 목소리를 다독이는 방법과 쉴 수 있는 시간에는 그동안 내담자가 하고 싶었지만 미루어 두었던 일들을 할 수 있도록 시간과 돈을 정해두고 쓸 수 있게 하였다.

어머니가 치료받고 달라져야 하겠지만 자기 자신을 돌보기도 힘든 상황에서 내담자가 어머니를 변화시키려는 노력은 부작용만 더 키울 수 있다. 그리고 어머니의 관계를 통해 형성된 대상의 이미지가 아무리 부정적인 부분이 많다고 해도 의식적으로 단숨에 바꾸거나 수정할 수 있는 권한은 내담자에게 없다. 이를 건강한 이미지로 바꾸기 위해서는 새로운 관계 속에서 진정으로 서로를 위하는 사람들을 찾아 교감하고 소통하는 경험을 통해 얻게 되는 교정적인 정서 체험이 필요하다. 그래서 앞으로 긴 여정을 잘 헤쳐나갈 수 있도록 우선적으로 내면의 모습을 있는 그대로 받아들이고 갈등 없이 조화롭게 화합할 수 있는 방법을 배우는 것이 필요하다.

부모에 대한 원망이 해소되기 어려운 이유

많은 내담자들이 부모를 원망한다. 내담자가 경험했던 상황을 깊이 들여다보면 그 마음이 공감되고 이해가 된다. 하지만 때로는 상담자의 '이해된다'는 표현이 내담자를 불편하게 하기도 한다. 그 이유는 부모에 대한 원망감이 클수록 양가적인 감정이 크기 때문이다. 아무리 부모를 강하게 원망하더라도 순수하게 부모를 미워하는 마음만 있지 않다는 것이다.

아기는 무기력한 존재이기에 주 양육자에게 전적으로 의지할 수밖에 없다. 그리고 심리적으로도 공생관계에 있어 주 양육자와 분리되어 있지 않다. 그리고 차츰 자기 인식이 생기면서 분리되어 간다. 아무리 분리 개별화의 단계를 거쳐 건강한 성인이 되었다고 해도 평생 어머니라는 대상은 특별한 존재로 남아있는 거 같다. 그래서 어린 시절뿐만 아니라 평생 내면에는 주 양육자의 모습이 투영된 대상이 자리 잡고 그 대상에게 인정과 사랑을 받고 싶은 소망을 품는다. 그러므로 아무리 부모를 원망한다고 해도 마음 한편에는 그 원망감과는 개별적으로 작동하는 프로세스가 있어 동일한 대상에 대해 깊은 애정과 인정과 사랑을 받고 싶은 마음이 공존하는 것이다. 그래서 부모를 원망하고 비난해도 타인이 그런 말을 하거나 표현하면 심한 거부감이 드는 것이다.

결국 주 양육자에 대한 갈등 마음은 복잡하고 해결하기 어렵다. 그러므로 부모와의 관계에 대해서는 수용하는 자세가 더욱 필요한 것일 수도 있다.

(4) 수용이 단기적인 효과만 나타낸 사례

혼자 남겨질 두려움에 빠진 여성

한 여성은 우울과 좌절감으로 인해 오랜 시간 고통을 받아왔다. 약물 치료와 심리상담 그리고 종교에 도움을 받았지만, 그 당시에만 효과가 있을 뿐 금세 다시 우울감에 휩싸였다. 그렇게 여러 치료자와 종교 그리고 신경정신과 약물에 의존한 삶을 살아가고 있었다. 다른 때와 같이 다시 우울감에 휩싸여 상담실에 찾아왔고 처음 방문하는 곳이었지만 익숙한 듯 요청하지 않아도 느리지만 고통받아왔던 우울감에 대해 요목조목 이야기했다. 그 이야기 뒤에는 지금까지 많은 시도를 했는데도 달라진 건 없었다며 심리상담에 회의감을 드러냈다. 그 이야기를 할 때는 호소하던 우울감과 다르게 명료한 목소리로 분노를 쏟아내기도 했다. 우선 부정적인 정서를 정화하기 위해 수용의 방법을 활용했다. 이런 노력이 처음에는 효과를 발휘하는 듯했다. 우울감은 완화되었고, 삶의 의욕을 되찾았다. 하지만 이런 효과는 오랜 시간 지속되지 않았다. 금세 우울감에 휩싸였고, 다시 예전의 상태로 돌아가는 것뿐만 아니라 우울 감이 더 깊어졌고 그에 따라 상담에 대한 회의감이 커졌다.

이 사례처럼 수용은 단기적인 효과가 있을 뿐 장기적인 효과는 없는 방법일까? 그런데 여기서 중요하게 고려해 보아야 하는 부분이 있다. 수용을 한다는 것은 현재 감정에 있는 그대로 머물면서 받아들이는 것이 맞지만 여기에서 현재 감정이라는 것은 근원적인 감정이어야 한다는 것이다. 즉 이 내담자가 느끼는 우울감과 무기력감이 해소되는 듯하다 다시 생겨나는 것은 이 감정 이면에 더욱 근원적인 원인이 있을 수 있다는 것을 의미한다. 이를 확인하기 위해 어떤 상황에서 우울한 감정을 호소하는지 탐색했다.

주로 이런 우울감에 휩싸이는 상황은 남편과의 관계에서 시작되었다. 남편은 일에만 빠져 사는 사람이었다. 말수가 적고 매우 무뚝뚝해서 거의 정서 표현을 하지 않았다. 이런 남편과 함께 생활해야 한다면 당연히 답답함과 외로움을 경험할 수 있을 거라 공감이 되었다. 하지만 이런 답답함이 우울함으로 발전하는 과정에 대해서는 명확하지 않았다. 그래서 더 근원적인 감정을 이해하기 위해 우울한 감정에 빠져 있을 때 떠오르는 과거 어린 시절 경험을 이야기했다. 어린 시절에 그녀는 아버지와의 관계가 좋았고 많이 의지했다. 그런 아버지를 갑작스러운 사고로 잃어 마음 한편에 깊은 상처가 있었다. 어머니는 의존적이고 무기력한 분이셨다. 그래서 내담자는 더욱 아버지에게 의존했다. 갑작스러운 사고로 인해 아버지가 세상을 떠나자 어머니는 더욱 우울해졌고 결국 우울증으로 아무런 희망도 없이 무기력하게 방 안에만 틀어박혀 있었다. 집안을 돌보지 않고 돈벌이가 없었기에 경제적인 상황은 좋지 못했고 집안은 항상 어질러져 있었다. 이 경험은 내담자에게 큰 충격임과 동시에 현실을 항상 불안하게 느끼도록 했다. 이런 상황에서 벗어나기 위해 무던히 노력해 꽤 안정적인 직장에 들어갔고 현재의 남편을 만나게 되었다. 이 남편은 무뚝뚝하기는 해도 성실한 사람이었다. 그래서 금세 경제적 상황은 안정되었다. 하지만 이런 상황에도 그녀는 불안함을 떨쳐낼 수 없었다. 왜냐하면 어린 시절에 갑작스럽게 자신의 곁을 떠났던 아버지에 대한 그리움과 트라우마가 해소되지 않고 마음속에 그대로 남아있기 때문이었다. 이 트라우마는 남편도 아버지처럼 언제라도 자신을 떠나게 될지도 모른다는 두려움으로 변질되어 있었다. 이 두려움은 그녀를 너무나도 불안하게 만들었기에 마음의 깊은 곳에 억압했고, 그 반작용으로 남편에 대한 막연한 불만이 표출되었다. 그런데 이런 불만의 표현은 무뚝뚝한 남편과 더욱 멀어지게 만들었고 이는 그녀를 더욱 불안하게 만들었다. 남편이 곧 자신을 떠날지도 모른다는 예상은 불안을 유발했고, 이는 불만으로 표출되어 남편과 멀어지게 만들었으며, 소원해진 관계는 남편이 떠날 거라는 두려움을 확인시켜주어 불안을 증폭시키는 악순환에 빠져 있었다. 곧 감당하기 힘들 만큼 쌓인 불안이 무기력감과 우울감으로 나타났던 것이다.

이러한 이해를 바탕으로 상담의 초점은 과거 아버지와의 관계로 맞춰졌다. 그러면서 조금씩 갑작스럽게 자신을 떠났던 아버지에게 품었던 원망감과 사무치는 그리움에 대해 이야기했다. 그동안 가슴속에 묻혀있던 감정이었기에 있는 그대로 받아들이는 과정은 힘들었다. 하지만 그녀는 이제 아버지를 그리워하는 마음을 이해하고 받아들일 수 있게 되었다. 점차 마음속에 담아두었던 감정을 수용하면서 스스로 그동안 보였던 모습을 이해하게 되었고 우울감이 진정되었다. 이제는 때로 불안과 우울감이 들기도 했지만 금세 그 감정을 조절할 수 있었다. 어떻게 그럴 수 있는지 물어보니 스스로 왜 불안하고 우울한지 이해가 된다고 이야기하며 담담한 표정을 지었다. 그러면서 남편에게 다르게 행동할 정도로 마음이 차분해졌다. 그러자 남편과의 관계도 다시 회복되었고, 우울함을 느끼는 주기와 강도가 약화되었다.

이 사례에서 알 수 있듯이 우리가 수용할 대상은 근원적인 감정이다. 그 이유는 프로세스들의 여러 상호작용을 통해 재생산된 이차적 (부차적) 감정에 초점을 맞춰 수용을 하면 단기적인 효과가 있을 수 있지만 다시 재생산될 수 있기 때문이다. 즉 부적응적인 패턴으로 인해 재생산되는 결과물을 아무리 치워도 다시 채워질 것이기 때문에 그 패턴 자체를 변화시켜야 한다. 하지만 만약 이미 마음의 공명 현상이 오랜 시간 지속되어 부차적인 감정들이 넘쳐있다면 우선적으로 그 감정에 초점을 맞춰 정화하는 과정이 필요할 수도 있다. 우선 표면에 드러난 감정에 초점을 맞추어야 한다는 것이다. 그리고 어느 정도 안정을 찾았다면 근원적인 사건이나 감정에 초점을 맞춰야 악순환의 고리를 끊을 수 있다.

감정을 억눌렀던 남성

때로 우리는 성격이 잘 맞지 않는 사람을 만나기도 한다. 이유를 생각해 보면 명확지 않은데 왠지 곁에 있으면 불편해지고 미운 감정이 들기도 한다. 대부분 그런 사람과는 자연스럽게 멀어지게 되지만 상황 때문에 항상 얼굴을 마주해야 할 때도 있다. 상담실에 이와 비슷하게 관계의 고민을 가진 사람이 찾아왔다.

그는 정년이 보장되고 직무도 자신의 적성과 잘 맞는 안정적인 직장을 다니고 있었다. 별로 걱정할 것이 없을 거 같지만 그는 오랜 기간 우울과 불안으로 치료를 받아왔다. 하지만 별다른 효과를 보지 못했다. 그 사람의 고민은 같은 팀에서 근무하고 있는 상사로부터 받는 스트레스였다. 오랜 고민 끝에 다른 부서로 옮겼지만 다시 그 부서에서도 바로 직속 상사와 비슷한 갈등을 경험했다. 급기야 직장에 출근하면 갑자기 심장이 급격히 뛰고 숨이 차오르는 공황증상까지 나타났다. 그가 호소하는 스트레스의 원인은 상사들이 자신에게 고압적으로 대하며 희생을 강요하고 자신을 억누른다는 것이었다. 그래서 최선을 다해 업무 성과를 높였지만 이에 대해 인정해주지 않으면서 더욱 압박 수위를 높인다는 것이었다. 그동안 쌓여왔던 것이 많았던 만큼 쏟아내듯 이야기하는 내담자의 이야기를 들으니 그가 느끼는 불만과 스트레스에 대해 공감할 수 있었다. 제3자가 보더라도 충분히 스트레스를 받을 만한 상황이라고 느꼈다. 그래서 그 정도로 힘든 상황이면 업무를 하는 데 어려움이 있을 거 같아 내담자의 행동을 탐색해 보았다.

그런데 예상과는 다르게 정작 그는 직장에서 어떠한 내색이나 표현을 하지 않고 묵묵히 업무를 하는 것뿐만 아니라 어려운 일은 자신이 처리하겠다고 나서는 등 적극적인 모습을 보였다. 내담자의 마음은 공황증상까지 나타날 정도로 지쳐가고 있었지만 직장에서의 모습은 상사에게 어떠한 불만도 표현하지 않은 채 마치 잘 지내고 성과도 좋은 모범생처럼 행동했다.

그리고 상담에서 감정에 초점을 맞추려고 하면 자신에 대해 "나는 누군가를 미워하지 않는다. 사람은 다를 수 있다. 그래서 그냥 받아들인다."라고 이야기를 했다. 그러면서도 "사람은 다를 수 있어서 서로를 인정해야 하는데, 직장 상사는 그런 사람이 아니다. 다름을 인정하지 않는다."라며 그 상사를 미워할 수밖에 없다는 것을 상담 시간 내

내 이야기했다. 실제로 내담자가 일하는 곳은 직급에 따라 엄격한 위계가 있었고 팀의 분위기도 집단을 강조하며 야근과 회식이 잦은 곳이었다. 그래서 내담자의 성격과 팀의 상사들이 원하는 것에 마찰이 생기는 상황이었다. 이렇게 서로 기대하는 바가 다르면 마찰이 생기고 때로는 불편함과 짜증이 생기기도 한다. 이런 불만과 싫은 마음은 그 사람이 잘못돼서도 아니고, 내가 못된 사람이어서도 아니고, 그저 다름에서 생기는 부정적인 정서이다. 그런데 내담자는 이런 부정적인 정서를 경험하는 자신을 수용하지 못하고 있었던 것이다.

우리는 때로 별다른 이유 없이 누군가에게 싫은 감정을 느끼기도 한다. 종종 '느낌이 안 좋아'라고 이야기하면서 이 마음을 표현한다. 그런데 내담자는 그런 자신의 일부분을 받아들이지 못하고 있었다. 왜냐하면 나는 선량하고 합리적이고 관용적인 사람이라는 자기상과 불일치하기 때문이었다. 그런데 어떤 사람이 누군가에게 별다른 이유 없이 불편한 감정을 느낀다고 해서 그 사람이 합리적이지 않거나 관용적이지 않은 사람은 아니다. 누구나 내면에는 합리적이고 이성적인 프로세스도 있지만 별다른 이유 없이 그저 느낌적으로 작동하는 감정적인 프로세스도 함께 존재한다.

내담자는 합리적이고 이성적이며 관용적인 모습을 유지하기 위해 자신의 내면에 있는 상사에 대한 거부감과 미움이라는 감정적인 마음에 귀를 기울일 수 없었다. 상담에서 정서적인 경험을 타당화 받으면서 차츰 자신 안에 있는 감정적인 마음에 귀를 기울일 수 있게 되자 그 감정의 역사가 드러나게 되었다. 그는 과거 어린 시절 아버지에게 학업적으로 냉정하게 평가받고 억압받으며 자라왔다. 그래서 학업에 대한 압박감과 함께 아버지에 대한 깊은 원망감을 가지고 있었다. 그 아버지라는 존재로 만들어진 심리적 대상이 현재는 직장에서 자신을 평가하는 상사가 되어 자신을 억누르고 있었던 것이다. 이런 과거가 있지 않더라도 이런 직장의 분위기라면 충분히 스트레스를 받을 수 있지만, 이와 함께 그는 과거에 아버지에게 받았던 압박감과 그에 대해 품었던 원망감이 더해져 견디기 힘들 정도로 마음을 짓누르고 있었던 것이다. 또한 권위적인 대상에 대해 전반적으로 불편함과 분노를 느끼고 있었기에 다른 팀으로 옮겨도 비슷한 상황이 반복되었던 것이다. 여기에 더해 그에게 아버지라는 사람은 권위적이고 감정적으로 행동하는 사람이라는 인식으로 인해 자신에게도 존재하는 감정적인 마음을 억압하고 있었다. 이로 인해 감정이 과도하게 억압되어 순환되지 못하고 결국 공황증상으로 나타났다.

우선 지금까지 쌓여왔던 감정을 정화하기 위해 상사에 대한 감정을 표현하고 타당화받을 수 있도록 도왔다. 이런 과정은 그의 마음을 풀어주었지만 금세 다시 부정적인 마음이 쌓이는 단기적인 효과만 나타냈다. 그 이유는 수용하고자 했던 상사에 대한 부정적인 감정은 마음의 공명 현상의 순환 고리에서 반복해서 생산되는 2, 3차 정서였기 때문이다. 수용의 대상이 돼야 하는 근원적인 것은 그의 과거 어린 시절 아버지라는 대상에게 느끼는 깊은 원망감과 분노와 관련 있다. 그 감정은 아버지로부터 촉발된 것이지만 내담자의 마음속 깊은 곳에는 아버지에게 받고 싶었던 인정과 사랑의 소망이 있었을 것이고 그 바람이 지속적으로 좌절되고 심지어 부정당하는 경험이 반복되어 쌓여왔던 것이다. 그래서 내담자가 직장 상사나 아버지에게 느끼는 불편함과 불만에도 불구하고 업무에 성실하고 적극적으로 참여했던 것이다. 즉 내담자가 정말 수용해야 하는 것은 아버지에게 바랐던 인정과 사랑이 짓

밟히면서 느꼈던 좌절감이었다.

정서가 정화되어도 끊임없이 재발하는 이유

이렇게 불편한 감정을 끊임없이 이야기하고 위로받아 해소하기도 하고 상담에서 오랜 시간 다루어 일시적으로 감정이 정화되는 경험을 하더라도 금세 다시 불편했던 감정에 휩싸이는 경우를 많이 볼 수 있다. 그래서 '나쁜 감정을 이야기하면 부정적인 사람이 된다'고 우려하는 경우도 있다. 그런데 이런 문제가 반복되는 이유는 부정적인 감정을 해소하는 방법의 문제보다는 초점을 맞추어야 하는 근원적인 감정은 억압된 채 마음의 순환 고리 속에 반복해서 재생산되고 있는 정서만을 풀고 있기 때문일 수 있다. 즉 순환 고리 속에서 복제되는 2, 3차 정서의 경우 아무리 수용을 통해 정화되더라도 금방 다시 그 감정에 휩싸이게 된다는 것이다. 공황장애를 경험하는 방송인의 사례에서 문제가 되는 감정은 대중 앞에 섰을 때의 불안함이지만 이는 표면적인 문제이고, 본질적으로 수용이 되어야 하는 감정은 사회적 존재로서 안정적인 관계를 갖고자 하는 소망이었던 것처럼 말이다. 또한 타인의 불친절한 행동으로 인해 화가 난 상황에서는 다른 사람들로부터 존중과 인정을 받고자 하는 기대가 수용의 대상이 돼야 하는 것이다. 항해 중인 배의 바닥에 구멍이 나서 물이 새어 들어올 때 계속 물을 퍼낸다고 해서 문제가 해결되지 않는 것처럼 말이다. 물이 너무 차올랐다면 우선 물을 퍼내야 하겠지만 그 뒤에는 구멍 난 부분을 고쳐야 근본적인 문제가 해결될 수 있다. 이와 같이 풀어도 풀어도 끊임없이 나를 괴롭히는 감정이 있다면 그 감정을 만들고 있는 근원적인 상처에 귀를 기울이는 것이 필요하다.

5. 수용과 내면 화합의 방법

이제부터 수용과 내면 화합을 하는 실천적인 방법에 대해 살펴보고
자 한다.

(1) 명상으로 정서 수용하기

우선 정서를 수용하는 방법은 호흡 명상과 비슷한 과정으로 진행하
면 된다. 우선 편안한 자세를 잡는다. 허리를 곧게 펴고 숨을 깊이 들
여 마신다. 이때 코로 숨을 들이마시며 복식 호흡을 하고 최대한 숨을
깊이 들여 마셔 들숨과 날숨을 천천히 진행한다. 그리고 내 마음속에
울려 퍼지는 감정의 메아리에 의식을 집중시킨다. 그 감정이 불안함
일 수도 있고 우울하고 무기력함일 수도 있고, 화나는 감정일 수도 있
다. 어떤 종류의 감정이든 관계없이 그 정서에 온 마음을 집중시키는
것이다. 여러 가지 생각들과 상상이 든다면 그저 다시 집중하고자 하
는 정서로 돌아오면 된다. 이런 노력들을 수 회 반복하면 어느 순간
이전에 느꼈던 감정들은 원래부터 내 마음에 존재하지 않았던 것처럼
찾아볼 수 없고, 기쁘지도 슬프지도 않은 평온한 마음 상태가 될 수
있다. 이때 눈을 천천히 뜨면서 마무리하면 된다. 이 수용의 과정은
명상을 하는 과정과 유사하고, 수용하고자 하는 감정이 드는 순간에
진행하는 것이 더욱 효과적이다.

(2) 글쓰기 혹은 녹음하기

우리가 말을 할 때 뇌의 일부 영역인 언어를 관장하는 중추가 활성
화된다. 여기서 주목하고자 하는 것은 말을 할 때 활성화되는 프로세

스가 총체적인 '나(I)'의 일부분이라는 것이다. 즉 내가 말을 한다고 해도 언어 중추 이외의 다른 프로세스들이 그 말을 생성하는 과정에 참여하고 그 메시지를 따른다는 보장을 할 수 없다는 것이다. 그래서 사람들의 말을 가만히 들어보면 말의 의미와 합리성이 결여되어 있고 그저 그럴듯하게 말이 되게 단어를 늘어놓는 경우도 있는 것이다. 그리고 때로는 그 사람이 말했던 것과 다른 행동을 보이기도 한다. 그래서 내가 하는 말을 녹음해서 듣거나 글을 쓰고 읽어보면 내가 무엇을 이야기하고 설명하려고 하는지 그 의도와 논리적 연결성 그리고 합리성을 명시적으로 알 수 있다. 이를 통해 자기 객관화를 추구할 수 있고 또한 나의 말의 의도를 언어 중추 이외의 다른 프로세스들에게 전파할 수 있게 된다. 한번 자신이 떠올린 아이디어를 글로 표현해 보라. 아이디어를 막연하게 떠올리는 것과 글로 표현하는 것은 너무나도 다른 과정이라는 것을 알게 될 것이다. 그리고 꽹장히 어렵게 느껴질 수도 있다. 즉, 아이디어를 떠올리는 것 그리고 그 아이디어를 언어화하는 것 그리고 그 언어화된 정보를 다시 받아들이는 것은 나의 다른 영역들이 주관하며, 이를 통해 정보가 확산되고 공유되는 것이다. 이러한 내적인 정보 교류를 통해 내면 화합의 길로 나아갈 수 있는 발판을 마련할 수 있다.

아무리 친밀한 관계여도 나의 마음을 표현하지 않는다면 상대방은 내 마음을 알지 못한다. 그뿐만 아니라 내가 생각과 느낌을 떠올린다고 해도 이를 이해하고 표현하지 않는다면 나의 다른 부분들은 그 내용을 알 수 없다. 그러니 나의 하루의 경험을 일기로 쓰고 나의 행동을 모니터링하는 것은 나를 이해하기 위해 필요하다. 특히 정서적인 경험은 자동적으로 일어나기 때문에 그냥 흘려버리거나 무시될 가능성이 있다. 내가 무엇을 느꼈고 어떤 기분이고 감정이었는지 언어로 표현하는 감정

일기 쓰기와 같은 노력은 나를 이해하고 정서를 정화하는 데 도움이 된다. 상담에서도 내담자가 현재 경험하는 정서를 있는 그대로 비춰주는 반영이라는 기법이 큰 역할을 한다. 하지만 여기에도 분명 한계가 있다. 아무리 글로 표현하고 그 글을 자세히 읽는다고 해도 그 작업에 관여하는 프로세스 또한 나의 일부분이라는 점을 유념해야 한다.

(3) 나에 대해 공부하기

나는 봄과 가을철이 시작될 무렵이면 재채기와 코 막힘 그리고 눈 안쪽의 가려움이 심해진다. 그래서 달력을 보지 않아도 계절이 바뀌고 있다는 것을 알 정도로 코와 눈에 가려움이 심해진다. 이는 아주 어렸을 때부터 시작되었는데 그때는 코가 가렵고 재채기가 수시로 나오니 있는 힘껏 코를 풀었다. 그리고 눈도 가려워 눈 안쪽에서 소리가 날 때까지 두 손가락으로 심하게 문질러댔다. 그러면 어느 순간 눈이 충혈이 되면서 붉게 물들어 버렸다. 그렇게 하면 일시적으로 가려움이 해소되면서 시원함을 느꼈지만 이내 코가 막혀 숨도 제대로 쉬지 못하고, 눈은 충혈되고 자주 눈병이 생겼다. 그리고 감기에 걸려 한동안 누워있어야 했고, 천식도 앓고 있었기에 누워서는 숨을 제대로 쉴 수 없어 밤새 앉아 있어야만 했다. 그때는 나에게 왜 이런 가려움과 고통이 생기는지 이유를 알 수 없었다. 그렇게 유년기와 청소년기 그리고 청년기를 지냈다. 그러다 늦게나마 내 몸을 찬찬히 관찰하고 몸의 생리적인 부분에 대해 공부를 하면서 그 이유를 이해하게 되었다. 나의 면역 체계는 나의 성격만큼이나 예민하고 다혈질적이라는 것을 말이다.

나의 면역체계는 굉장히 활발하고 적극적인 녀석들이었다. 그래서 계절이 바뀌어 식물들이 수많은 포자를 만들어 공중으로 뿌리고 온도가 변하면 나의 면역체계는 계엄령을 선포한다. 그리고 무차별적으로 모든 외부에서 들어오는 항원에 대해 철저한 방어태세를 갖춘다. 특히 외부 공기와 바로 만나는 코와 눈의 점막에서 면역체계의 전쟁이 꽃을 피운다. 그래서 가려움이 일어났고, 수많은 박테리아와 세균이 묻어 있는 손으로 코 안쪽 점막을 자극하고 눈을 비볐던 것이다. 그러면서 내 몸에 해롭지 않은 꽃가루들에 대부분의 면역력을 소진해 버리는 것이다. 재앙은 그때부터 시작된다. 눈을 비비고 코를 자극하는 행동은 소독을 한 뒤에 하는 행동이 아니기에 수많은 병원균이 몸속으로 침투했다. 그래서 가려움은 더 심해지고 약한 점막은 붓고 피가 났다. 그렇게 계엄령을 선포한 뒤에 면역세포들이 장렬히 전사하면서 면역체계는 무너지고 결국에는 감기 바이러스에 점령되고 말았던 것이었다. 이런 고통을 태어난 후 몇십 년 동안 매해 매 계절마다 경험했다. 나의 몸을 찬찬히 살피고 적절한 조치를 취하기 전까지는 말이다.

나의 몸은 계절이 바뀔 때 따뜻하게 몸을 덥혀주고, 충분히 수분을 공급해 주면서 편안히 안정될 수 있도록 하는 것이 필요했다. 그리고 면역체계의 반응을 줄일 수 있는 약물의 도움도 필요했다. 이와 함께 눈이 가렵거나 재채기가 심해지면 따뜻한 수건으로 마사지를 하며 마음을 진정시키는 것이 도움이 되었다. 그리고 손으로 코와 눈을 자극하지 않아 다른 병원균이 침투하지 않도록 예방해 주었어야 했던 것이다. 지금도 계절이 바뀌면 나의 면역체계들은 계엄령을 선포한다. 나의 면역체계의 불같은 성격은 앞으로도 바뀔 생각은 없는 거 같다. 그렇다고 면역체계를 중단시킨다면 나는 생존할 수 없을 것이다. 그러니 함께 살아갈 방법을 찾아야 한다.

사람들이 저마다 다양한 성격을 가지고 있듯이 면역체계도 수천 가지 모습을 가지고 있을 것이다. 당신의 면역체계가 어떤 성격을 가지고 있는지 알고 있는가? 아직 모르고 있다면 계절이 변하고, 낮과 밤이 될 때 자신의 신체가 어떻게 반응하는지 한번 관찰해 보라. 그런 관찰이야말로 정말 나에게 관심을 기울이는 애정 어린 모습이다. 나의 기질적이고 생리적인 부분뿐만 아니라 성격적인 특성들도 관심을 갖고 공부를 해야 한다. 열 길 물속은 알아도 한 길 사람 속은 모른다는 속담과 같이 다른 사람의 마음을 알기는 정말 어렵다. 그리고 그에 못지않게 나에 대해 알기도 그만큼이나 어렵다. 사랑하는 사람과 좋은 관계를 맺기 위해서는 그 사람을 이해하려는 노력이 필요한 것처럼 나를 돌보고 편안하게 해주려면 관심과 애정 어린 마음으로 유심히 관찰하고 공부해야 한다.

(4) 나와 대화하기

수많은 자기계발서와 강연자들은 자신에게 긍정적인 메시지를 보내라고 이야기를 한다. 거울 속의 나와 하이파이브를 하라고 하기도 하고, 내가 추구하는 목표가 이루어졌다는 확신을 하는 확언을 하라고도 한다. 심리상담에서 특히 게슈탈트이론을 기반으로 한 기법들에서 자신의 내면과 대화하는 방법들이 소개되어 있다. 자기 부분들과의 대화는 권위적이고 지시적인 내 안의 부분과 억압되고 희생되어온 부분의 측면들로 대화를 나누는 것이다. 이를 통해 진정한 나로 통합될 수 있는 길을 만드는 것을 목표로 한다. 이와 같이 심리학에서도 내면에 억압되어 있는 부분을 객관화하여 관찰하기 위해 자기의 부분들을 나누어 소통을 유도하는 방법을 활용한다. 이렇게 자기와 대화를 나누고 긍정적인 메시지를 보내고 자기에 대한 믿음을 불러일으키는 방법들은 경험적으로 효과가 입증되었다. 그런데 자기 자신과의 대화는 외부 현실을 바꾸지도 않고 자신의 능력을 높이지도 않는데 어떻게 도움이 된다는 것인지 의문이 들 수 있다.

'나(I)'는 다중프로세스로 구성된다는 입장에서 보면, 무엇인가 하고 싶거나 변화하고 싶은 동기가 있더라도 그것은 일부의 프로세스들만 관여된 것일 수 있다. 즉 일부의 프로세스의 결심이 전체 프로세스로 전파되고 그에 맞춰 작동되길 기대할 수 없다는 것이다. 그리고 시간이 지나면 시냅스의 연결이 약해져 기억이 사라질 수 있듯이 결심과 다짐은 약화될 것이다. 즉 아무리 여러 차례 결심을 한다고 해도 '나(I)'라는 전체가 온전히 추구하는 목표나 가치가 아니라면 쉽게 소거될 수 있는 정보라는 것이다. 그래서 새해에 결심을 해도 3일만 지나면 예전으로 돌아가는 것일 수 있다. '나(I)'의 일부의 프로세스들이 다짐과 결심을 했다고 해도, 나머지 부분들은 과거의 습관을 그대로 유지하고 있기 때문에 쉽게 예전으로 돌아간다는 것이다. 그러므로 내면의 목소리에 귀를 기울이며 내가 결심한 부분과 변화하고자 하는 소망을 반복적으로 나에게 명시하고 주기적으로 회상하는 노력이 필요한 것이다. 이를 통해 '나(I)'의 전체 프로세스에 메시지를 전파시키고 설득하는 것이다. 이런 노력을 기울인다면 전체 프로세스가 하나의 바람으로 모일 수 있고 그러면 이전과 같이 분열되어있는 상태보다 더 집중해서 충분한 능력을 발휘할 수 있게 될 것이다.

(5) 다른 프로세스들이 활동할 충분한 시간 갖기

아인슈타인(Einstein)은 프린스턴 대학에서 머물 당시 하루 세 번 45분의 산책을 꾸준히 했다고 한다. 러시아의 작곡가 차이콥스키

(Tchaikovsky)는 산책을 해야 창의력이 떠오른다고 굳게 믿어 매일 오후 2시간씩 산책을 했다고 한다. 다윈(Darwin) 또한 마찬가지로 산책을 매우 즐겼다. 그리고 유명한 과학자들의 일화를 보면 어려운 문제 앞에서 샤워를 하거나, 산책, 멍하니 쉴 때 엄청난 발견을 하기도 했다. 아무 생각 없이 산책을 하거나 멍하니 있거나 잠을 자는 것이 시간을 낭비하는 것처럼 보이지만 실제로는 뇌에서 많은 일들을 한다. 또, 창의적인 문제를 풀어야 하는 실험에서 공상(Mind wandering)을 하는 것이 문제 해결에 도움이 된다는 사실을 발견했다.[57] 인지심리학에서 이러한 현상을 부화 효과(Incubation effect)라고 한다. 이는 의식적으로 하던 생각이 무의식 상태에서 재조합되어 갑자기 해결책이 떠오르는 현상을 가리킨다.

이런 것을 보면 우리의 의식 너머에 있는 무의식의 영역이 얼마나 넓고 깊은지 느끼게 된다. 우리 머릿속에는 우리가 의식하지 못하지만 많은 프로세스들이 작동하고 있다. 그래서 의식적으로 생각하는 것이 오히려 다른 프로세스들이 활동할 기회를 뺏는 것일 수 있다. 그러니 창의적이고 새로운 성과를 내기 위해서는 충분히 휴식하고 여유를 가짐으로써 다른 프로세스들이 활동할 수 있는 마음의 여유 공간을 만들어줘야 한다.

Epilogue

지금까지 뇌과학과 인공지능, 심리학을 기반으로 본연의 '나(I)'에 대해 이해하고 AI시대에 필요한 '나(I)'를 만들어 가는 방법을 안내하였다. 챕터별 주요한 내용은 다음과 같다.

1장 '나에 대한 필수적인 착각'에서는 뇌과학의 발견과 AI의 발전을 통해 알게 된 통찰로 인간 내면 심리의 작동 기제를 논의하였다. 우리는 '나(I)'에 대해 불변성, 단일성, 중심성이라는 3가지 착각을 하고 있다. 이를 걷어 내면 '나(I)'라는 존재는 끊임없이 변하고(가변성), 다양한 프로세스로 이루어져 있으며(다양성), 의식하는 내가 총체적인 '나'의 주인이 아니라 일부분(연결성)이라는 것을 여러 연구와 발견을 근거로 제시했다. 하지만 이러한 착각은 우리의 삶을 위해 꼭 필요한 것임을 역설하며 이를 다루는 이유를 설명했다.

2장 '내 안의 오케스트라'에서는 최신 컴퓨터 과학과 AI를 통해 총체적인 '나(I)'의 작동방식에 대한 모델을 제시했다. 내면세계는 오케스트라의 지휘자와 단원들이 하나의 교향곡을 연주하는 것과 유사하다. '나(I)'라는 존재는 외부에서 전달된 정보를 중앙에서 받아 순차적으로 처리하지 않는다. 실제로 뇌는 감각 기관을 통해 전달된 일차원적인 신호가 여러 프로세스들로 뿌려져 고유한 알고리즘에 따라 처리되고, 이렇게 가공된 정보는 인접한 프로세스들로 전파되는 분산형 병렬처리 방식을 갖추고 있다. 이러한 '분산형 병렬처리 다중프로세스' 모델이 어떻게 '나(I)'에 대한 필수적인 3가지 착각을 만들어 내는지 설명함으로써 '나(I)'에 대한 이해를 깊이 하였다.

3장 '내면 질서를 위한 준비: 수용'에서는 내면 질서를 세워 가는 데 유용한 도구로서 수용이라는 개념을 소개하였다. 수용을 구체적으로 정의하고 어떻게 효과를 나타내는지 설명하기 위해 마음의 공명 현상이라는 개념을 제안했다. 물체의 고유 진동수에 맞춰 힘을 가하면 공명 혹은 공진 현상이 나타나 작은 힘으로도 큰 위력을 발휘할 수 있다. 이와 유사하게 내면세계에서도 '분산형 병렬처리 다중프로세스'로 인해 마음의 공명 현상이 나타날 수 있음을 설명하였다. 한 발 더 나아가 수용이 어떻게 마음의 공명 현상을 중단시킬 수 있는지 설명하고 이를 확장하여 내면 질서를 잡아가기 위한 도구로서 활용할 수 있는 가능성을 제시했다.

4장 '힘겹게 정복된 내면의 식민지'에서는 내면 질서를 만들어가는 방법을 안내했다. 내면 질서는 인간으로서의 삶을 위해 필수적인 요소이지만 그동안 추구해 왔던 통합을 지향하는 방식은 자칫하면 전체주의적으로 '나(I)'의 부분들을 억압하고 통제할 수 있다고 경고했다. 그 대안으로 조화의 방향으로 내면 질서를 세워갈 필요가 있으며, 수용이 유용한 도구가 될 수 있음을 제안하였다. 물론 내면 질서를 잡기 위해서는 그 사람이 처한 환경과 시대적 상황을 고려해야 한다. 이 측면에서 인공지능과 자동화로 변화하고 있는 새로운 시대에는 내면의 조화를 지향하는 것이 필요하고 유용하다는 것을 제안했다.

5장 '수용을 통한 내면 화합의 방법'에서는 앞서 제시한 화합을 지향하며 수용을 활용해 내면의 질서를 세워가는 방법을 안내했다. 우선 수용이 무엇인지 구체적으로 탐색하고, 수용을 통한 내면 화합의 5단계를 제안했다. 그리고 수용과 화합을 할 때 고려해야 할 사항을 설명하였다. 이와 함께 수용을 통한 내면 화합의 사례와 나에 대해 공부하기 등과 같이 내면의 질서를 잡는 데 활용할 수 있는 방법을 제시하였다.

우리는 내 안에서 마음에 들지 않는 부분을 발견하면 어떻게든 감추고 없애려고 애를 쓴다. 그런데 왜 나의 일부분을 마음에 들어 하지 않고 불쾌하게 느끼는 것일까? 만약 내 안에 마음에 들지 않는 부분이 있다고 느끼는 사람이 있다면 이 질문에 대답해 보았으면 좋겠다. 어쩌면 주변 사람을 편견을 가지고 바라보는 것과 같이 자기 자신의 일부분을 왜곡해서 평가하고 있는 것일 수도 있다. 내 안의 모든 부분들은 그 나름의 역사와 기능 그리고 역할을 가지고 있기 때문이다. AI의 발전과 급변하는 환경 속에서 자기 자신에 대해 회의감이 들거나 부족하게 느껴지고, 고쳐야 할 부분만 보여 자책감에 빠져있는 사람들에게 이 책이 도움이 되길 바란다.

지금까지 셀 수 없이 많은 나무들을 보아왔다. 하지만 같은 종에 속해 이름은 같아도 자세히 들여다보면 생김새가 제각각이어서 똑같은 나무는 본 적이 없다. 과거부터 현재까지 있었던 모든 나무를 비교한다고 해도 지금 내 앞에 서있는 나무는 찾을 수 없을 것이다. 또한 한 그루의 나무도 시간의 흐름에 따라 끊임없이 변화하고 있다. 그러므로 지금 여기 내 눈앞에 있는 나무가 전 우주의 유일무이한 존재라고 생각한다. 이 세상에 존재하는 모든 사람들도 이와 같다고 믿는다. 또한 그들 내면의 부분들도 마찬가지다. 마음의 괴로움을 안고 살아가는 사람들에게 당신이 가진 다채로움과 가능성 그리고 독특성과 유일성을 보여줄 수 있는 상담자가 될 수 있길 소망하며 이 책을 마친다.

참고문헌

1 Sender, R., & Milo, R. (2021). The distribution of cellular turnover in the human body. Nature medicine, 27(1), 45-48.

2 Sender, R., & Milo, R. (2021). The distribution of cellular turnover in the human body. Nature medicine, 27(1), 45-48.

3 Varadarajan, S. G., Hunyara, J. L., Hamilton, N. R., Kolodkin, A. L., & Huberman, A. D. (2022). Central nervous system regeneration. Cell, 185(1), 77-94.

4 Nakano, I. (1998). The limbic system: An outline and brief history of its concept. Neuropathology, 18(2), 211-214.

5 Schacter, D. L., Eich, J. E., & Tulving, E. (1978). Richard Semon's theory of memory. Journal of Verbal Learning and Verbal Behavior, 17(6), 721-743.

6 De Carlos, J. A., & Borrell, J. (2007). A historical reflection of the contributions of Cajal and Golgi to the foundations of neuroscience. Brain research reviews, 55(1), 8-16.

7 Do, H. (1949). The organization of behavior. New York.

8 Stujenske, J. M., Spellman, T., & Gordon, J. A. (2015). Modeling the spatiotemporal dynamics of light and heat propagation for in vivo optogenetics. Cell reports, 12(3), 525-534.

9 Wade, K. A., Garry, M., Don Read, J., & Lindsay, D. S. (2002). A picture is worth a thousand lies: Using false photographs to create false childhood memories. Psychonomic bulletin & review, 9(3), 597-603.

10 Devinsky, O., & Laff, R. (2003). Callosal lesions and behavior: history and modern concepts. Epilepsy & Behavior, 4(6), 607-617.

11 Karlsson, E. M., Hugdahl, K., Hirnstein, M., & Carey, D. P. (2023). Analysis of distributions reveals real differences on dichotic listening scores between left-and right-handers. Cerebral Cortex Communications, 4(2), tgad009.

12 Glickstein, M., & Berlucchi, G. (2010). Corpus Callosum: Mike Gazzaniga, the Cal Tech Lab, and Subsequent Research on the Corpus Callosum. The Cognitive Neuroscience of Mind, 1.

13 Thurschwell, P. (2009). Sigmund Freud. Routledge.

14 Baird, B., Smallwood, J., Mrazek, M. D., Kam, J. W., Franklin, M. S., & Schooler, J. W. (2012). Inspired by distraction: Mind wandering facilitates creative incubation. Psychological science, 23(10), 1117–1122.

15 Lepper, M. R., & Greene, D. (1975). Turning play into work: Effects of adult surveillance and extrinsic rewards on children's intrinsic motivation. Journal of Personality and Social Psychology, 31(3), 479–486.

16 Libet, B., Libet, B., Gleason, C. A., Wright, E. W., & Pearl, D. K. (1993). Time of conscious intention to act in relation to onset of cerebral activity (readiness–potential) the unconscious initiation of a freely voluntary act. Neurophysiology of consciousness, 249–268.

17 Grzybowski, A., & Aydin, P. (2007). Edme Mariotte (1620–1684): pioneer of neurophysiology. Survey of ophthalmology, 52(4), 443–451.

18 Blanke, O., Landis, T., Safran, A. B., & Seeck, M. (2002). Direction-specific motion blindness induced by focal stimulation of human extrastriate cortex. European Journal of Neuroscience, 15(12), 2043–2048.

19 Tiippana, K. (2014). What is the McGurk effect?. Frontiers in psychology, 5, 725.

20 Jones, T. F., Craig, A. S., Hoy, D., Gunter, E. W., Ashley, D. L., Barr, D. B., ... & Schaffner, W. (2000). Mass psychogenic illness attributed to toxic exposure at a high school. New England Journal of Medicine, 342(2), 96–100.

21 Fowler, J. H., & Christakis, N. A. (2008). Dynamic spread of happiness in a large social network: longitudinal analysis over 20 years in the Framingham Heart Study. Bmj, 337.

22 Acharya, S., & Shukla, S. (2012). Mirror neurons: Enigma of the metaphysical modular brain. Journal of natural science, biology, and medicine, 3(2), 118.

23 Purves, D., Augustine, G. J., Fitzpatrick, D., Hall, W., LaMantia, A. S., & White, L. (2019). Neurosciences. De Boeck Supérieur.

24 Stanford Encyclopedia of philosopy(2009). Physicalism. https://plato. stanford.edu/archives/fall2009/entries/physicalism/

25 최석현. (2023). 다트머스 워크숍과 인공지능의 기원 설화. 과학기술학연구, 23(3), 37 – 65.

26 Stanford encyclopedia of philosophy(2019). Connectionisim. https:// plato. stanford.edu/entries/connectionism/

27 QBI. Action potentials and synapses. https://qbi.uq.edu.au/brain – basics/brain/brain-physiology/action-potentials-and-synapses

28 Wang, S. C., & Wang, S. C. (2003). Artificial neural network. Interdisciplinary computing in java programming, 81 – 100.

29 Fredrickson, B. L. (2001). The role of positive emotions in positive psychology: The broaden – and – build theory of positive emotions. American psychologist, 56(3), 218.

30 Levenson, R. W. (2014). The autonomic nervous system and emotion. Emotion review, 6(2), 100 – 112.

31 Mauss, I. B., Levenson, R. W., McCarter, L., Wilhelm, F. H., & Gross, J. J. (2005). The tie that binds? Coherence among emotion experience, behavior, and physiology. Emotion, 5(2), 175.

32 Wells, J. L., Haase, C. M., Rothwell, E. S., Naugle, K. G., Otero, M. C., Brown, C. L., ... & Fredrickson, B. L. (2022). Positivity resonance in long – term married couples: Multimodal characteristics and consequences for health and longevity. Journal of personality and social psychology.

33 Borkovec, T. D., Shadick, R. N., & Hopkins, M. (1991). The nature of normal and pathological worry.

34 Dugas, M. J., Freeston, M. H., Ladouceur, R., Rhéaume, J., Provencher, M., & Boisvert, J. M. (1998). Worry themes in primary GAD, secondary GAD, and other anxiety disorders. Journal of anxiety disorders, 12(3), 253 – 261.

35 Butler, G., & Mathews, A. (1987). Anticipatory anxiety and risk perception. Cognitive therapy and research, 11(5), 551 – 565.

36 Butler, G. (1994). Treatment of worry in generalised anxiety disorder.

37 Wells, A., & Carter, K. (1999). Preliminary tests of a cognitive model of generalized anxiety disorder. Behaviour research and therapy, 37(6), 585 – 594.

38 Lang, P. J. (1994). The varieties of emotional experience: a meditation on James–Lange theory. Psychological review, 101(2), 211.

39 Strack, F., Martin, L. L., & Stepper, S. (1988). Inhibiting and facilitating conditions of the human smile: a nonobtrusive test of the facial feedback hypothesis. Journal of personality and social psychology, 54(5), 768.

40 Coles, N. A., et al. (2022). A multi–lab test of the facial feedback hypothesis by the Many Smiles Collaboration. Nature human behaviour, 6(12), 1731–1742.

41 Schachter, S., & Singer, J. (1962). Cognitive, social, and physiological determinants of emotional state. Psychological review, 69(5), 379.

42 Dutton, D. G., & Aron, A. P. (1974). Some evidence for heightened sexual attraction under conditions of high anxiety. Journal of personality and social psychology, 30(4), 510.

43 Fredrickson, B. L., & Branigan, C. (2005). Positive emotions broaden the scope of attention and thought–action repertoires. Cognition & emotion, 19(3), 313–332.

44 Cohen, C. A., Colantonio, A., & Vernich, L. (2002). Positive aspects of caregiving: rounding out the caregiver experience. International journal of geriatric psychiatry, 17(2), 184–188.

45 Booth–Kewley, S., & Friedman, H. S. (1987). Psychological predictors of heart disease: a quantitative review. Psychological bulletin, 101(3), 343.

46 Fredrickson, B. L., & Branigan, C. (2005). Positive emotions broaden the scope of attention and thought–action repertoires. Cognition & emotion, 19(3), 313–332.

47 Reddan, M. C., Wager, T. D., & Schiller, D. (2018). Attenuating neural threat expression with imagination. Neuron, 100(4), 994–1005.

48 Nicolau, J. L., Mellinas, J. P., & Martín–Fuentes, E. (2020). The halo effect: A longitudinal approach. Annals of Tourism Research, 83, 102938.

49 Kehoe, D. M., & Gutu, A. (2006). Responding to color: the regulation of complementary chromatic adaptation. Annu. Rev. Plant Biol., 57, 127–150.

50 Gross, J. J. (1998). The emerging field of emotion regulation: An in-

tegrative review. Review of general psychology, 2(3), 271-299.

51 Wegner, D. M. (2011). Setting free the bears: escape from thought suppression. American Psychologist, 66(8), 671.

52 Mead, G. H. (1934). Mind, self, and society (Vol. 111). Chicago: University of Chicago press.

53 Giddens, A. (2020). Modernity and self-identity: Self and society in the late modern age. In The new social theory reader (pp. 354-361). Routledge.

54 Giddens, A. (1997). 현대성과 자아정체성: 후기 현대의 자아와 사회. 권기돈 역.

55 Hamilton, N. G. (2007). 대상관계 이론과 실제: 자기와 타자. 김진숙, 김창대, 이지연 역.

56 George Orwell(2007). 1984. 정회성 역.

57 Baird, B., Smallwood, J., Mrazek, M. D., Kam, J. W., Franklin, M. S., & Schooler, J. W. (2012). Inspired by distraction: Mind wandering facilitates creative incubation. Psychological science, 23(10), 1117-1122.

저자소개

- 가톨릭대학교 심리학과를 졸업한 후 상담심리학을 주 전공으로 동 대학교 일반대학원 석사·박사 학위를 받았다. 주요 논문으로 기본심리욕구, 게임중독, SNS중독, 소진, 발표불안을 주제로 여러 편의 논문을 게재하였으며, 발표불안 치료를 위한 프로그램 개발 및 효과 검증 연구로 우수 논문상을 수상했다.
- (사)한국상담심리학회 상담심리전문가 및 주 수퍼바이저이며, 상담심리사 간 교류증진 및 의사소통 활성화에 대한 공로를 인정받아 기여상을 수상했다. 여러 기관에서 상담자로 활동했고 현재는 Naros 심리상담소 대표를 맡고 있다.
- 마음을 치유하고 자기 실현을 돕고자 하는 소명을 가지고 상담자의 삶을 살아가고 있다.

나와의 첫 만남: 수용을 통한 내면 화합

초판발행	2024년 5월 15일
지은이	서준호
펴낸이	노 현
편 집	김다혜
기획/마케팅	이선경
표지디자인	이영경
제 작	고철민·조영환
펴낸곳	㈜ 피와이메이트
	서울특별시 금천구 가산디지털2로 53, 한라시그마밸리 210호(가산동)
	등록 2014. 2. 12. 제2018-000080호
전 화	02)733-6771
f a x	02)736-4818
e-mail	pys@pybook.co.kr
homepage	www.pybook.co.kr
I S B N	979-11-6519-974-6 93180

정 가   13,000원

박영스토리는 박영사와 함께하는 브랜드입니다.